TU VIDA,
TUS NORMA$,
TU CUENTA
BANCARIA

LAURA ENCINA

TU VIDA, TUS NORMA$, TU CUENTA BANCARIA

Activa tu mentalidad millonaria y pon a trabajar tu dinero

Roca editorial •

Penguin
Random House
Grupo Editorial

Primera edición: mayo de 2024

© 2024, Laura Encina
© 2024, Roca Editorial de Libros, S. L. U.
Travessera de Gràcia, 47-49. 08021 Barcelona

Printed in Spain – Impreso en España

ISBN: 978-84-10096-43-1
Depósito legal: B-5984-2024

Compuesto en Grafime, S. L.

Impreso en EGEDSA
Sabadell (Barcelona)

RE 96431

A la persona que me dio la vida y tejió mis alas
para enseñarme que el límite es el cielo.
Estoy segura de que lo estarás leyendo
y disfrutando desde allí arriba.
Una mujer tan fuerte y valiente como la de este libro solo
podía llevar tu nombre.

Gracias, siempre, por tu amor incondicional.
Te amo infinito, mamá.

ÍNDICE

¿Eres feliz con tu vida financiera?   11

1. CAMBIO DE MENTALIDAD   17

Creación de patrones y creencias en nuestra infancia   20
Desafiando nuestras creencias   30
Diferentes patrones: crea tu nuevo sistema   33
Las creencias limitantes   38
¿Qué es la mentalidad millonaria?   42
Nuevos patrones   50

2. EL DINERO ES ENERGÍA   57

Intercambio de energía   66
¿Cómo nos afecta este intercambio de energía?   73
Nuevas ideas   76

3. INTELIGENCIA FINANCIERA   79

Control de los gastos   84
¿Qué es la inteligencia financiera?   90
El balance   93
Crea tu propio balance   97

4. DEUDA BUENA Y DEUDA MALA — 101

La odisea de las hipotecas — 104
Estudiar tu caso — 107
¿Qué necesitas para adquirir una hipoteca? — 112
El poder del activo y del pasivo — 123
¿Cuál es tu patrimonio neto? — 125
La deuda buena y la deuda mala — 129
Tips financieros — 135

5. PRESUPUESTO Y ORGANIZACIÓN — 137

¿Qué es un presupuesto financiero personal? — 151
¿Cómo distribuyo mi salario? — 156
Mi presupuesto — 160

6. CREA TU PLANIFICACIÓN FINANCIERA — 167

Planificación financiera a corto, medio y largo plazo — 176
Buscando mi producto perfecto — 178
Crea tu planificación financiera a medida — 186

7. MULTIPLICA TU PATRIMONIO — 193

Invertir versus ahorrar — 203
Interés simple versus interés compuesto — 207
La teoría del coste medio en el ahorro — 214
Tips financieros — 218

Agradecimientos — 221

¿ERES FELIZ CON TU VIDA FINANCIERA?

> Cuando tengas ochenta años y en un rato de reflexión te cuentes a ti mismo la versión más personal de tu historia de vida, el relato que será más conciso y significativo será la serie de elecciones que hayas hecho. Al final, somos nuestras elecciones.
>
> JEFF BEZOS

¿Eres feliz con tu vida financiera? Es muy posible que si estás leyendo estas páginas tu respuesta sea «no» o «no del todo». Por eso he escrito este libro. No quiero que este sea un libro más en tu vida, sino un viaje. Un viaje transformador que cambiará no solo tu forma de pensar sobre el dinero, sino también tu capacidad para alcanzar el éxito financiero.

En la sociedad actual, a menudo nos enfrentamos a desafíos económicos, y muchas de nosotras hemos internalizado creencias limitantes que pueden actuar como obstáculos en nuestro camino hacia la prosperidad. Pero aquí es donde comienza la verdadera magia: en la mente.

Este libro no es solo sobre números y balances; es sobre la profunda conexión entre tu mentalidad y tu capacidad para crear riqueza duradera. Es sobre liberarte de creencias que te han restringido, reconociendo tu potencial y adoptando una mentalidad millonaria. Es sobre esos conceptos básicos tan importantes que tienes que saber para desenvolverte en la sociedad actual, pero que nadie se ha preocupado en enseñarte. Ni en el colegio, ni en el instituto o mucho menos en la universidad. Ni siquiera el Estado ha considerado importante hacerlo. Es para empoderarte. Para que creas en ti y entiendas que el resultado de tus finanzas actuales es la consecución de las creencias que has tenido hasta ahora. Sin embargo, eso puede cambiar. De hecho, va a cambiar.

Imagina por un momento:

✓ Despertar cada día sintiendo que el éxito financiero es tu realidad inminente, no una utopía lejana.
✓ Tomar decisiones financieras con confianza y claridad, sabiendo que cada elección te acerca a tus metas.
✓ Superar los obstáculos con resiliencia, aprendiendo y creciendo con cada desafío.

Este libro está diseñado para ayudarte a lograr exactamente esto. No es solo información; es una experiencia de transformación. Juntas exploraremos cómo cambiar tu mentalidad puede abrir puertas a oportunidades que antes podrían haber pasado desapercibidas.

En estas páginas aprenderás a:

✓ Identificar y desafiar creencias limitantes arraigadas en tu relación con el dinero.
✓ Adoptar una mentalidad positiva que te empodere para tomar decisiones financieras informadas.
✓ Descubrir estrategias prácticas para construir riqueza a largo plazo.
✓ Ver los desafíos como trampolines hacia el éxito, no como obstáculos insuperables.
✓ Los conocimientos necesarios para que puedas comprarte una vivienda.
✓ Crear una estrategia financiera a corto, medio y largo plazo para que puedas ir cumpliendo tus metas y conseguir la vida que deseas.
✓ Saber diferenciar entre deuda buena y deuda mala, entre activo y pasivo.

¿Cómo lo haremos?

Te quiero contar la historia de Manuela, la protagonista. Estoy segura de que te vas a sentir identificada o identificado con ella en más de un capítulo, da igual que seas un hombre o una mujer. En cada capítulo trataremos un tema diferente que te afecta de lleno en tu día a día financiero. Con las vivencias de Manuela, podrás aprender de manera directa, en una lengua coloquial y a través de su ejemplo en esos aspectos de tu vida económica. Las enseñanzas se irán explicando de manera teórica y encontrarás además ejercicios, consejos y códigos QR con material didáctico que completará los conocimientos que adquieras en estas páginas. Estos códigos te redirigirán siempre a una web en la que podrás buscar el recurso que necesites en cada momento.

Mi intención es que este sea más que un libro: que sea una experiencia para ayudar a transformar tu vida. Y estoy totalmente comprometida con ello.

¿Estás preparada? Este no es solo un libro; es un compromiso contigo misma para desatar tu máximo potencial financiero. Estoy aquí como guía, pero el cambio real provendrá de ti, de tu dedicación y disposición para abrazar nuevas perspectivas.

Así que ¡bienvenida a un viaje que transformará no solo tus finanzas, sino también tu vida!

1
CAMBIO DE MENTALIDAD

Somos nuestras elecciones.
La libertad individual siempre existe.

Manuela se encuentra en su casa, mirando por la ventana mientras la lluvia golpea el cristal. La tarde es gris y melancólica, como su estado de ánimo desde que comenzó el proceso de divorcio de su compañero de vida.

Han pasado un par de meses desde que ella y Daniel se separaron y tiene el corazón roto. La relación que una vez fue un amor apasionado y un compromiso sólido se ha ido desmoronando hasta convertirse en un amargo recuerdo. Manuela intenta mantener la cabeza en alto, pero las noches solitarias y las discusiones legales han desgarrado su espíritu.

Se siente tremendamente vulnerable. Mientras mira

por la ventana, Manuela intenta recordar en qué momento de su vida cruzó la línea de ser una mujer valiente, independiente y dueña de su destino a la persona triste e insegura que se siente en esos momentos. Aletargada por el sonido de la lluvia en el cristal, empieza a hacer una síntesis de su vida como si de una película se tratara.

Es la menor de tres hermanos de una familia aparentemente común de clase media. Su padre, dueño de una gestoría, soñaba con el éxito encarnado en sus dos hijos mayores, el legado prometedor que anhelaba para su empresa. Mientras tanto, su madre llevaba el peso menos reconocido pero vital de sostener el hogar. Las tensiones entre sus padres resonaban en sus oídos desde sus primeros años.

Creación de patrones y creencias en nuestra infancia

Las discusiones recurrentes sobre el tiempo que su padre pasaba fuera de casa están muy presentes en Manuela. «Pasas demasiadas horas fuera de casa», acusaba su madre a su padre, mientras que él, obsesionado con el éxito y su gestoría, respondía: «El despacho necesita de mi atención y las facturas no se pagan solas». Desde temprana edad, Manuela se sumergió en un entorno donde el trabajo y las expectativas profesionales eclipsaban las necesidades emocionales de la familia.

El padre de Manuela, en su afán de mantener un estatus y un coche más lujoso que los vecinos, se sumía en la gestoría durante horas interminables. Sin embargo, esta dedicación no se traducía en un beneficio económico extraordinario. Los problemas financieros empezaron a teñir los últimos años de la carrera profesional de su padre, llevándolo a una espiral de deudas debido a una mala gestión económica y a conflictos con Hacienda.

Manuela, mientras crecía, se encontraba atrapada en un torbellino de tensiones familiares y preocupaciones económicas. La casa, en lugar de ser un refugio cálido, se convertía en un campo de batalla silencioso donde los sueños rotos de su padre resonaban en cada discusión. La imagen de él, atrapado en un ciclo de deudas, dejó una marca indeleble en la psique de Manuela, y sembró las semillas de la indiferencia hacia el dinero que define ahora su vida.

La adolescencia de Manuela estuvo marcada por la falta de presencia de su padre y la presión constante de alcanzar las expectativas impuestas por él. Mientras sus hermanos mayores se convertían en las estrellas doradas del negocio familiar, Manuela lidiaba con la sensación de ser una sombra en el trasfondo, invisible y desapercibida.

La relación de Manuela con el dinero y el trabajo se moldeó a partir de la experiencia de su padre.

Encontrando su propia voz, ella decidió forjar un camino que no replicara los errores que había visto en él. Optó por un enfoque más equilibrado, donde la calidad de vida y las relaciones personales eran igual de importantes que la ambición profesional. Estas decisiones, aunque desafiantes, fueron un testimonio de la resiliencia que cultivó en su infancia.

Al igual que su padre tenía destinado a sus hermanos mayores seguir el legado familiar, a ella siempre le decía que tenía que ser de una profesión reconocida socialmente, donde tuviera un salario más que digno. Algo así como doctora. Y optó por serlo. Un sueldo y un horario fijo acallaban todos los demonios de su infancia.

Manuela conoció a Daniel hace diez años. Él, hermano de la mejor amiga de Manuela cuando realizaba el MIR, llegó a una cena de Navidad para recoger a su hermana. Fue un encuentro casual, pero los destellos de una conexión latente se dejaron sentir desde el primer momento. Aquella noche, entre risas, brindis y luces de Navidad, nació un flechazo que cambiaría el curso de sus vidas. Las miradas cómplices y las risas compartidas revelaron el inicio de una historia que prometía ser épica.

Los primeros años de su relación fueron una mezcla de pasión y felicidad desbordantes. El noviazgo de cinco años se convirtió en un capítulo lleno de momentos inolvidables, crecimiento mutuo y el descubrimiento constante de nuevos detalles que los enamoraban el uno del otro.

El amor que compartían trascendió el noviazgo y se consolidó en un matrimonio que celebraron con alegría y entusiasmo. Los primeros cinco años de su vida de casados fueron un viaje emocionante, lleno de complicidad, proyectos compartidos y la sensación de tener el mundo a sus pies.

Sin embargo, el viento de cambio comenzó a soplar en su relación durante el último año.

Las discusiones se volvieron más frecuentes y la chispa que antes iluminaba su relación parecía menguar. A pesar de los intentos por reavivar la llama, la sombra de la discordia se había cernido sobre ellos. La brecha entre ellos se ensanchaba, y las raíces de la desilusión empezaron a extenderse.

Hace dos meses, lo inevitable se materializó: Manuela y Daniel decidieron poner fin a su matrimonio. Entre lágrimas, Daniel le confesó a ella que le había sido infiel. Y más allá del dolor, Manuela no ha podido quitarse un pensamiento de la cabeza todo este tiempo: ha sido muy tonta. Ha delegado su propio bienestar y su seguridad económica en otra persona, y ahora se ve enfrentando el futuro sola, pero con la desventaja de que no solo ha perdido a su pareja, sino de que su estabilidad financiera está en juego.

Los recuerdos felices de los primeros años se mezclan con la tristeza de los últimos meses, y la pareja que alguna vez fue inseparable ahora se encuentra dividida por la realidad de la traición y la desilusión.

Sin darse cuenta, Manuela se va quedando dormida. Mañana será otro día...

La luz del amanecer del día siguiente le revela a Manuela una realidad que pesa más que la almohada que abraza. La infidelidad de Daniel ha dejado cicatrices en su corazón, pero hoy, además, enfrenta la cruda realidad de una situación financiera que le es ajena. Hoy tiene cita con su abogada.

El sol apenas asoma por el horizonte cuando Manuela se sienta en la mesa de la cocina. Las facturas y varios documentos financieros esparcidos frente a ella son como un rompecabezas caótico que intenta descifrar. Durante diez años, Daniel ha sido el responsable de las finanzas familiares, y ahora, como si se tratara de una pesadilla, Manuela se enfrenta a este territorio totalmente desconocido. La falta de preparación para este terreno inexplorado agrega una capa adicional de ansiedad a su ya dolorido corazón.

Siempre había rehuido de todos los temas económicos familiares. Llegó a comprarse una casa con Daniel sin saber qué firmaba realmente, como si de un gran acto de amor se tratara. Manuela siempre tuvo un gran rechazo hacia el dinero, cómo no tenerlo si había sido el causante de tantas y tantas discusiones entre sus padres cuando ella era una niña. «El dinero pervierte a la gente», «las personas rompen sus valores con tal de tener más dinero», «hasta las mejores familias salen discutiendo por las herencias», «el dinero es uno de los mayores males», decía con frecuencia su madre. Y esas palabras a las que en su momento no dio importancia han resonado de manera silenciosa en su subconsciente con tanta fuerza que, sin saberlo, han marcado el rumbo de muchas de sus decisiones.

La cita con la abogada se cierne como un peso en su agenda. La profesionalidad de Manuela, que ha desafiado a la adversidad en su carrera como doctora, se ve eclipsada por la vulnerabilidad que siente al enfrentarse a la abrumadora tarea de tomar ciertas decisiones financieras que afectarán su futuro.

Sentada en la sala de espera de la abogada, Manuela repasa mentalmente las opciones que se le presentan. Vender la casa familiar lo siente como sacrificar más de lo que ya ha perdido. Por otro lado, la perspectiva de asumir la totalidad de la hipoteca y comprar la parte de Daniel parece una montaña insuperable. El futuro, tanto emocional como financiero, es incierto, y el miedo la envuelve como una manta oscura. ¿Cómo puede tomar decisiones sobre algo que ha evitado toda su vida?

La abogada, con empatía y experiencia, le explica detenidamente a Manuela y explora con ella todas las posibilidades legales y financieras que tiene sobre su divorcio y su casa. Cada palabra resuena en la mente de Manuela, quien lucha por asimilar la nueva realidad que se le presenta. Frente a la abogada, Manuela se siente vulnerable. La profesionalidad de la letrada choca con la tormenta de emociones que ella intenta contener. La abogada, percibiendo la angustia de su clienta, procede con delicadeza, ofreciendo apoyo no solo legal sino también emocional.

—Buenos días, Manuela. ¿Cómo estás hoy?

—Hola. Supongo que… intentando poner un pie detrás del otro. La verdad es que no sé por dónde empezar.

—Sé que atraviesas un momento difícil. Vamos a abordar todo paso a paso. Primero, ¿cómo te sientes acerca de las opciones que te planteó Daniel en la reunión anterior?

—No sé, abrumada, supongo. Vender la casa, comprar su parte… parece un laberinto. Y, para ser sincera, no entiendo mucho de estos temas.

—No seas dura contigo. Las emociones no tienen ningún manual de instrucciones. Y en ningún sitio nos enseñan sobre finanzas. Ni en el colegio, ni en el instituto, ni tan siquiera en la universidad. Pero estoy aquí para guiarte. Antes de tomar decisiones, quiero entender más sobre tus finanzas. ¿Has tenido acceso a toda la información financiera durante tu matrimonio?

—No mucho. Daniel siempre manejaba esas cosas. Yo solo recibía mi salario y no preguntaba mucho. Lo metía en una cuenta en común con él. Tenía mi tarjeta, que usaba para hacer las compras de casa, ropa o cuando nos íbamos de viaje, pero poco más.

—Bien. En primer lugar, necesitamos obtener una visión clara de tus activos y deudas. ¿Podrías proporcionarme los documentos relacionados con la propiedad y cualquier otra información financiera relevante? ¿Productos financieros contratados en vuestro matrimonio? ¿Algún otro tipo de bien que adquirierais, un coche, por ejemplo? Todo lo que se te ocurra. Con todo eso se hacen un balance y una valoración económica para que el reparto sea lo más justo posible.

—Supongo que podría buscarlo. Aunque, ¿realmente necesito preocuparme tanto por el dinero?

—Manuela, es crucial entender tus finanzas para poder continuar con el proceso. Aunque un peso importante de tu decisión sea emocional, ya te veas capaz de seguir viviendo en esa casa o quieras empezar tu futuro de cero, debemos valorar si un banco te daría a ti sola la hipoteca para poderle pagar a Daniel su parte. Ver cuál es la cuota que se te quedaría y si serías capaz de vivir mensualmente con el dinero restante. Quizá asumir la letra sola te suponga hacer más guardias o tener más horas extra en el hospital. Entiendo que ahora mismo lo emocional eclipsa lo racional, pero créeme, dentro de unos meses, cuando todo esto pase, que lo hará, te alegrarás de haber tomado la mejor decisión para ti. Además, no estás sola en esto. Quiero sugerirte algo que ha ayudado a otras mujeres en situaciones similares. Me gustaría que acudieras a una de las charlas del Club de Mujeres Empoderadas. Es un espacio seguro donde mujeres de diferentes profesiones que enfrentan desafíos financieros, laborales..., se reúnen para compartir experiencias y aprender juntas. Hay talleres sobre muchos temas, desde emprendimiento hasta educación financiera, pasando por la gestión de las emociones.

—¿Un club? Pero si yo soy médica. No entiendo de finanzas ni de emprendimiento, y lo cierto es que no me han interesado nada esos temas hasta la fecha.

—Da igual que seas médica. Hay mujeres de las más variopintas profesiones. A veces, compartir experiencias con otras personas que han pasado por situaciones similares puede aportar claridad y apoyo emocional. Aunque nunca te hayan interesado esos temas, quizá una de las cosas positivas que puedas sacar y aprender de esta situación es que tú tienes que ser la dueña de tus decisiones y tu futuro. No se puede delegar en nadie, ni siquiera en nuestros padres o nuestra pareja, un tema tan importante como son las finanzas personales. Y para tomar las decisiones correctas y ser libre en estos temas, hay que estar informada.

—No sé, hay una parte que suena bien, pero no sé si encajaré allí.

—No hay presión. Solo quiero que consideres la idea.

—Supongo que no pierdo nada con intentarlo.

—Esa es la actitud. Y respecto a las opciones financieras, exploraremos cada una detenidamente. Pásame por correo las escrituras de la casa y la hipoteca, para ver las condiciones, así como tus últimas nóminas y tu declaración de la renta. También, si es posible, el detalle de todos los activos o deudas que hayáis adquirido o contraído durante vuestro matrimonio. Y estate tranquila. Pronto mirarás atrás y verás que eres una mujer totalmente diferente y que esto que tanto duele y abruma ahora quedará en una mera cicatriz que te habrá ayudado a ser una mujer mucho más libre y valiente.

—Sí, buscaré los documentos y te los enviaré lo antes posible. Y, sobre el club, creo que me animaré a asistir.

—Estoy segura de que será una experiencia enriquecedora. Nos vemos en la próxima cita, y, recuerda, estamos trabajando para construir un futuro mejor para ti.

De vuelta en casa, Manuela se enfrenta a la dualidad de sus pensamientos. Por un lado, la idea arraigada de que el dinero es malo y, por otro, la necesidad de tomar decisiones para su futuro. Se siente atrapada entre dos fuerzas contrapuestas, luchando por liberarse de las cadenas que le impiden ver más allá de sus propias creencias. La frase de su abogada de que es necesario aprender antes de tomar las decisiones correctas resuena una y otra vez en su cabeza.

Desafiando nuestras creencias

Esa noche, Manuela se sumerge en una reflexión profunda sobre su relación con el dinero. Recuerda las discusiones financieras de sus padres, las noches en vela por las deudas acumuladas. La sombra de esas experiencias se proyecta sobre su presente, pero también comienza a vislumbrar la oportunidad de reescribir su historia. ¿Qué papel han jugado esas experiencias sobre su vida? ¿Quizá de ahí parte su negación y rechazo hacia el dinero? ¿Esa pereza tan terrible y ese desinterés desmedido hacia el dinero?

La mañana siguiente a la cita con la abogada, Manuela se despierta con una nueva determinación. El sol brilla de manera diferente, como si la luz hubiera encontrado un camino a través de las nubes que la envuelven. Aunque el camino por delante sea incierto, Manuela está decidida a desafiar sus propias creencias y tomar el control de su destino financiero.

En cierto modo, pensar en vender la casa supone un proceso de desapego y un ritual de liberación para Manuela. También supone dejar atrás las limitaciones impuestas por las creencias de su familia y abrazar una nueva relación con el dinero. Sus padres siempre le decían que si no tenías una propiedad no tenías nada en la vida. ¿Formaría parte esto también de todas esas creencias que había asumido como dogmas? Se para a pensar por un momento en un compañero del hospital, Emilio, al que ella admira profesionalmente. Fue de los primeros del MIR de su promoción y es un médico brillante. Se acuerda de una conversación que tuvieron un día en el despacho en una eterna y aburrida guardia porque él no se había comprado ninguna propiedad, sino que vivía de alquiler.

—No entiendo cómo puedes vivir de alquiler —se extrañó Manuela—. Es como tirar el dinero.

—¿Tirar el dinero? —se sorprendió Emilio—. Pago por vivir donde me apetece al igual que cuando vas a un restaurante y pagas por la comida que te apetece comer en ese momento.

—Pero ¿no crees que estás tirando tu dinero? Eres médico. Tienes un buen salario y un banco te puede dar una hipoteca. Así, al menos, tendrás algo tuyo.

—No necesito tener nada mío, como tú dices. Vivir de alquiler me da libertad. No estoy seguro de querer vivir siempre aquí. De hecho, no lo haré. Quizá me compre en los próximos años una casa en la costa, pero no será para vivir yo, sino como inversión para alquilarla. El dinero del alquiler hará que se pague sola e incluso sobre algo. Eso me ayudará a pagar mi alquiler o a ahorrar para ya comprarme años más tarde la vivienda donde quiero vivir.

—Uf, qué pereza y qué líos, de verdad. No sé cómo te puede gustar todo ese tema…

Quizá, si en ese momento hubiera prestado más atención, hoy en día su situación sería diferente. Pero la realidad es que eso ya le da igual y que lo importante era centrarse en el aquí y el ahora.

En ese momento se le viene a la cabeza el consejo de la abogada sobre el club. ¿Qué perdía por intentarlo?

Manuela abre el ordenador y se mete en la web del club. Después de un rato leyendo con atención, decide inscribirse para ir a la siguiente reunión. Piensa que quizá tardarán en llamarla o aceptarla. Total, con la suerte que está teniendo últimamente… Sin embargo, esta vez no es así. Cuál es su sorpresa cuando unos minutos después suena su móvil anunciándole que le ha llegado algo. Sorprendida abre la bandeja de entrada.

Querida Manuela:

Estaremos encantadas de tenerte con nosotras en la próxima reunión.

Emocionada, a la par que asustada, siente mucha curiosidad por aquel grupo de mujeres después de todo lo que le ha contado su abogada. Nunca ha asistido a ningún sitio de este tipo, más allá de las típicas quedadas con sus amigas o congresos médicos. En la gran mayoría de ellas en los últimos diez años iba acompañada por Daniel. Hasta pocos días antes, pensaba que era una mujer independiente con las riendas de su vida tomadas, pero se ha dado cuenta de que desde hacía mucho tiempo ya no importaban sus gustos, sus placeres, lo que le hacía feliz o divertía. Todo lo organizaba pensando en Daniel o lo dejaba en sus manos directamente. Se había dejado como persona para ser dos. Como si eso fuese una garantía para tener una vida de pareja eterna y feliz. Nada más lejos de la realidad.

Se pregunta en qué momento se convirtió en esa clase de mujer. Quizá, a estas alturas, ya no importa cuándo ni cómo, sino lo que va a hacer ahora con su vida.

Diferentes patrones: crea tu nuevo sistema

Por fin ha llegado ese martes 13 tan esperado para Manuela. Esta tarde tiene su cita con el Club de las Mujeres Empoderadas.

La dirección del club la lleva a una discreta pero acogedora sala de reuniones. El aire vibra con una energía palpable y Manuela se siente una intrusa al ingresar.

Al principio, la sensación de estar en una especie de terapia grupal la hace sentir incómoda. Después de todo, no está lidiando con una adicción o un problema específico que necesite superar. Sin embargo, la desconexión inicial se desvanece cuando observa a las mujeres de su alrededor. El grupo está formado por ocho mujeres, cada cual con una presencia única y decidida. Una de ellas la ve y va enseguida a buscarla.

—Tú debes ser Manuela, ¿verdad?

—Así es. ¿Eres Lucía?

—Efectivamente. Es un placer tenerte con nosotras, Manuela. Estoy segura de que esta experiencia te va a encantar y te va a aportar muchas cosas buenas en tu nueva vida. Estamos tomando algo antes de empezar la sesión de hoy. ¿Qué te apetece? ¿Café, té, un vino…?

Manuela mira alrededor rápidamente para ver qué beben el resto. No quiere ser la nota discordante el primer día.

—Tomaré un vino, muchas gracias.

—Aquí tienes. Siéntete cómoda. Si te apetece, vamos a pasar a la sala y te presento al resto de las compañeras. Es un breve ritual que hacemos cada vez que tenemos a alguna nueva.

Pasan a la sala de reuniones. Es una de las más

bonitas que ha visto nunca. Con una gran mesa redonda de madera natural. Está meticulosamente decorada, con cuadros en blanco y negro de momentos históricos representados por mujeres. Formal a la vez que acogedora. Es de esos sitios en los que te apetece estar horas y horas, en los que te sientes como en casa. Toman asiento todas menos Lucía, que se dispone a iniciar la charla.

—Queridas compañeras, bienvenidas a una sesión más de nuestro club. Hoy tenemos el placer de recibir a una nueva invitada, Manuela.

Todas responden con un aplauso sincero y caluroso.

—Antes de comenzar me gustaría dar una vuelta rápida de presentaciones para conocernos mejor. Si os parece empiezo yo. Me llamo Lucía y soy la facilitadora del club. Mi historia está llena de altibajos, pero descubrí que la fuerza viene de abrazar nuestras experiencias.

—Hola, Manuela. Soy Pilar, una apasionada por el emprendimiento social. Trabajo en un proyecto que busca mejorar la educación en comunidades desfavorecidas.

—Hola, Manuela, soy Ana. Trabajo en finanzas, pero mi verdadera pasión es ayudar a las mujeres a ganar confianza en la gestión de su dinero.

—Saludos, Manuela. Soy Clara, una madre soltera que decidió perseguir sus sueños de emprender. Es un camino desafiante, pero no lo cambiaría por nada.

—Hola, Manuela, me llamo María. Vengo del mundo

corporativo, pero decidí dejarlo todo para dedicarme a la fotografía, mi verdadera pasión.

—Encantada, Manuela. Soy Isabel, abogada de profesión, pero mi corazón está en la defensa de los derechos de las mujeres. Trabajo en organizaciones sin ánimo de lucro.

—Todas tenéis historias fascinantes —les responde Manuela con voz sincera.

—Y la tuya también es valiosa, Manuela. Estamos aquí para apoyarnos las unas a las otras. En este club, compartimos nuestras experiencias, aprendemos juntas y nos empoderamos. ¿Te gustaría compartir con nosotras tu historia?

—Gracias a todas. Me parecéis… mujeres maravillosas y admirables. Si os soy sincera no estaba muy segura de venir aquí. Tenía muchas dudas de si este sitio sería para mí, si encajaría. Me estoy divorciando de Daniel, el amor de mi vida. Bueno, el que pensaba hasta hace poco que era el amor de mi vida. Lo cierto es que hace unos meses pensaba que tenía una vida idílica. Hice todo aquello que mis padres me enseñaron que era lo correcto: fui una alumna ejemplar, terminé Medicina con una de las mejores notas en el MIR, conocí a Daniel, me casé, nos compramos una casa…, y ahora que ese puzle de ensueño se ha ido desmoronando pieza a pieza, tengo la sensación de haberme perdido a mí por el camino. En las próximas semanas, tengo que tomar la decisión de si quedarme a vivir en la casa familiar y comprarle a Daniel su parte, asumiendo yo una superhipoteca que me da vértigo, o ponerla a la venta y empezar de cero mi nueva vida.

Lucía le coge la mano con cariño e interviene.

—¿Sabes lo que ocurre a veces, Manuela? Que vivimos tanto la vida de los demás que nos olvidamos de la propia. Cuando somos niñas nuestros padres nos enseñan una serie de cosas con base en sus vivencias y la educación que ellos mismos recibieron. Eso conforma todo nuestro sistema de valores y creencias, que se van a terminar de tejer y formar con nuestras propias experiencias. Cuando somos pequeños no tenemos la capacidad de cuestionarnos si lo que nos dicen nuestros padres es correcto o no. O simplemente si nuestra perspectiva puede ser distinta. Sin embargo, Manuela, hoy estás aquí. En el club trabajamos mucho todo nuestro desarrollo personal. Estás aprendiendo una lección muy importante y es que todas esas creencias que tenías hasta ahora se pueden cuestionar y cambiar. Que lo que marca la sociedad o nos inculcan nuestros padres no siempre es lo correcto o lo que nos hace felices a nosotros. Y esto vale para cualquier cosa en la vida: desde nuestra profesión a las relaciones personales, pasando por el dinero. Date el permiso de decidir por ti misma qué te hace feliz y qué quieres pensar sobre estos temas. Cuáles son los pensamientos que te impulsan, te motivan, te hacen soñar…

Manuela asiente.

—Efectivamente, tengo la sensación de haber vivido la vida de otras personas. Me consideraba una mujer valiente, independiente… Y me he dado cuenta de que he delegado en mis padres y luego en Daniel muchas de las decisiones más importantes de mi vida. Ahora me veo abrumada por todo. La separación, el trabajo y darme cuenta de que no tengo ni idea de aspectos básicos de mi vida financiera… Llevo años pagando una hipoteca que no sé ni cómo funciona ni qué tuvimos que hacer para que el banco nos diera ese dinero. Cada vez que me he intentado enterar de algo, leo y escucho un lenguaje tan poco familiar, con tantos tecnicismos…, que se me quitan aún más las ganas. El dinero no me gusta nada. Nos creó muchos problemas en casa cuando yo era pequeña.

Las creencias limitantes

Seguramente Manuela no sea la única que piensa esto. Ana, nuestra asesora ficticia, ayuda a mujeres que han pasado por lo mismo, y aunque a ellas nos las hemos inventado, están basadas en personas reales.

En muchos casos, estas deudas que mucha gente es incapaz de afrontar aparecen por falta de conocimientos y malas decisiones económicas. Vivimos en un sistema que no nos ayuda ni enseña sobre aspectos básicos de nuestras finanzas personales. Pero como dice Lucía, otra de nuestros personajes, todo puede cambiar. El primer punto sobre el que trabajar no es nuestro dinero en sí, **sino lo que pensamos sobre él**. En el caso de Manuela, por ejemplo: acaba de decir que el dinero provocó muchas discusiones en su casa cuando era pequeña. Yo, personalmente, discrepo.

Me explico: las discusiones las provocarían los desaciertos de sus padres. Las malas decisiones o comportamientos incorrectos. El dinero es una herramienta más que nos permite tener una serie de cosas en la vida, según la utilices puede ser buena o mala. Sin dinero no se podrían construir todos los hospitales en los que Manuela trabaja y salva la vida a muchas personas, ¿verdad? Sin dinero no podríamos tener un lugar seguro donde dormir todas las noches. Sin dinero no se podrían crear colegios donde se forman a las nuevas generaciones que serán responsables de este país el día de mañana... Con una correcta gestión del dinero María se encargó de ahorrar lo suficiente para cambiar su trabajo por su pasión, la fotografía, y ese dinero la mantuvo hasta que su negocio empezó a arrancar. Y lo mismo le pasó a Clara. Su pequeña no ha notado en casa que su madre haya cambiado de trabajo. Gracias a tener ese colchón, pudo dar el paso y emprender. Lo que sí nota su pequeña es que ahora su madre va todos los días al

TU VIDA, TUS NORMAS, TU CUENTA BANCARIA

cole a dejarla y recogerla y pasa tiempo de calidad con ella. Antes llegaba justo para darle la cena y acostarla...

El dinero es una herramienta muy poderosa capaz de transformar vidas a la par que destruirlas. La única diferencia es lo que pensamos sobre él y, con base en ello, el conocimiento que adquirimos y las decisiones que tomamos.

Manuela está desconcertada tras escuchar a Ana, la asesora financiera. Nunca ha concebido el dinero así. Y lo peor de todo es que tiene toda la razón. Ha vivido toda su vida en una matrix pensando que el dinero era de los peores inventos de la historia. Que fue el causante de muchas de las peleas de sus padres y de la infelicidad de su madre. Esto le hizo crecer con un resentimiento hacia él que la ha hecho querer tenerlo lejos. Hasta ahora, se gastaba todo su salario o dejaba que su marido tomara todas las decisiones como si eso no fuese con ella.

No solo su matrimonio y su vida en general se han desmoronado, también todo su sistema de creencias. Todas esas verdades incuestionables hasta la fecha se resquebrajan una a una. Ahora, los murmullos de las mujeres compartiendo experiencias llenan el aire, pero en el mundo interior de Manuela, un silencio sobrecogedor se apodera de sus pensamientos. La verdad está emergiendo como una marea imparable, revelando capas de ilusiones que ha tejido a lo largo de toda su vida.

Recuerda las palabras afiladas, las miradas cargadas de frustración, la sensación de inseguridad; todo eso había construido el fundamento de sus creencias limitantes.

Manuela ha pensado hasta hoy que el dinero es sinónimo de conflicto y sufrimiento. Ha llevado esa perspectiva como una pesada carga, creyendo que la prosperidad material solo conduce a la desdicha. Pero ahora, sentada entre mujeres valientes y resilientes, cada palabra ha comenzado a desmantelar sus antiguas convicciones.

El nudo en su garganta se intensifica a medida que acepta la verdad. No solo su matrimonio se desmorona a su alrededor, también lo hace su sistema de creencias. La idea de que el dinero no es malo en sí mismo, sino una herramienta, la golpea con una fuerza que la deja sin aliento.

«Y así, amigas, nos empoderamos no solo a través de nuestras experiencias, sino también desafiando las creencias que nos limitan», resuena la voz de Lucía, la líder del club, como un faro de esperanza en la oscuridad de Manuela.

Las lágrimas que han estado al borde de sus pestañas finalmente se deslizan por sus mejillas. No es solo la pérdida de su matrimonio lo que la hace llorar, sino el darse cuenta de que ha estado viviendo engañada, encadenada a una versión distorsionada de la realidad.

El club se llena de miradas comprensivas. Las mujeres a su alrededor no solo comparten historias; comparten la libertad que viene al desafiar las creencias limitantes. Manuela, en ese momento, siente que una puerta se abre hacia un nuevo mundo, un mundo donde el dinero no es un verdugo, sino una herramienta para construir una vida plena. A través del dolor de la revelación, Manuela empieza a vislumbrar la oportunidad de una renovación interna, un renacer en el que el dinero ya no será un tabú, sino un aliado en su camino hacia la auténtica independencia y empoderamiento.

Así, en medio del susurro de historias compartidas y el destello de nuevas perspectivas, Manuela inicia su travesía hacia la reconstrucción, decidida a desafiar las sombras del pasado y abrazar la luz de un futuro donde sus creencias sobre el dinero ya no dictarán su destino.

Se alegra de haber ido hasta allí. Presiente que le quedan muchos momentos por descubrir junto a sus queridas compañeras.

¿Qué es la mentalidad millonaria?

El cambio de mentalidad es clave para desbloquear las puertas del éxito financiero y tu relación con el dinero.

Es hora de que nos sumerjamos en el fascinante mundo del «*mindset* millonario». Pero ¿qué significa realmente tener una **mentalidad millonaria?** No se trata solo de la cantidad de ceros en tu cuenta bancaria; va más allá de eso. Estamos hablando de una **forma de pensar, de creer en ti mismo y en tu capacidad para crear abundancia en todas las áreas de tu vida.**

Este libro es tu pasaporte hacia ese estado mental. Las creencias que tenemos sobre el dinero y el éxito pueden ser la clave para abrir las puertas a una vida financiera plena y satisfactoria.

¿Por qué es tan crucial este cambio de mentalidad?

✓ Porque tu mentalidad es el motor que impulsa tus acciones y decisiones diarias.
✓ Porque las creencias limitantes pueden convertirse en cadenas que nos impiden alcanzar nuestro máximo potencial financiero.
✓ Porque, al liberarnos de estas cadenas, podemos desatar un torrente de oportunidades y prosperidad.

Recuerda:

1. Este no es solo un cambio en tus finanzas; es un cambio en tu vida.

2. No se trata solo de dinero; se trata de libertad, de opciones, de vivir la vida que realmente deseas.

3. Estás aquí porque reconoces la importancia de este cambio de mentalidad, y voy a acompañarte en cada paso del camino.

¿Qué son las creencias limitantes?

Las creencias limitantes son ideas arraigadas que una persona sostiene, generalmente adquiridas a través de experiencias pasadas, influencias culturales o incluso mensajes recibidos durante la infancia. En el contexto financiero, estas creencias a menudo afectan la percepción del individuo sobre el dinero y su capacidad para alcanzar el éxito financiero.

Tomemos como ejemplo la creencia común de Manuela, la protagonista de nuestra historia, de que «el dinero es la raíz de todos los problemas». Esta creencia puede haberse formado a partir de experiencias negativas asociadas con el dinero en la vida de alguien, ya sea a través de observar conflictos familiares relacionados con finanzas o experimentar dificultades económicas en el pasado.

¿Qué impacto tienen en tus finanzas personales?

Las creencias limitantes producen un impacto significativo en las decisiones financieras y en la capacidad para generar ingresos. Supongamos que alguien tiene la creencia limitante de «no merezco tener éxito financiero». Esta creencia puede manifestarse en patrones de autosabotaje, como evitar oportunidades laborales que podrían llevar a un aumento de ingresos o subestimar el valor de los servicios que ofrecen.

Estas creencias pueden convertirse en obstáculos para el crecimiento financiero. Imagina a alguien que subconscientemente se autolimita al no buscar promociones en el trabajo debido a la creencia arraigada de que no merece avanzar económicamente.

 Recuerda siempre esta ley:
SER - HACER - TENER

Lo que esto significa es que para convertirnos en la persona que queremos ser, para tener lo que todo el mundo quiere, necesitamos hacer una serie de cosas que nos llevan a la abundancia. Pero, y aquí viene lo importante, para adquirir los hábitos, disciplina, conocimientos, etc., que nos llevan a conseguir nuestros objetivos, primero tenemos que convencernos de que somos capaces de ello, visualizarnos en la piel de la persona que queremos ser.

Te pondré un ejemplo donde se ve muy claro. ¿Sabías que el 70 por ciento de las personas a las que les toca la lotería están en una situación financiera igual o incluso peor que en la que se encontraban antes del premio cinco años más tarde?

La evidencia es clara. Si a alguien que no posee unos conocimientos determinados y que no ha aprendido a esforzarse y desarrollar una serie de buenos hábitos le das directamente una cantidad de dinero determinada, no sabrá qué hacer con ese dinero. **No tendrá la mentalidad adecuada.** Las decisiones que tome desde el día en que recibe en dinero podrán, por desgracia, llevarlo a acabar perdiéndolo o malgastándolo.

Para que eso no te ocurra a ti, en este libro te voy a enseñar los **pilares básicos para construir una economía personal** basada en la toma de decisiones racionales que te hagan llegar a la meta que quieres. Hacerte crecer como persona es el primer paso.

 No hay crecimiento en tus finanzas si no hay crecimiento personal.

Cómo funcionan las creencias limitantes

En nuestros primeros años de vida, nuestro cerebro está en su punto álgido de aprendizaje. Las estructuras aún se están formando: absorbemos información como si fuéramos esponjas durante la más tierna infancia y nos vamos modelando hasta la madurez completa de este órgano, que se alcanza de media llegados a la sorprendente edad de veinticinco años. No significa que después de ese momento no tengamos la capacidad de malearlo, pero este hecho sí nos advierte de la grandísima importancia de todo lo que interioricemos durante esas primeras décadas de vida. A lo largo de ellas es cuando se crean nuestros patrones de creencias. Dichos patrones condicionan nuestra realidad y cómo percibimos cada cosa que nos sucede.

¿Y cómo se crean estos patrones? Las personas somos como espejos, reflejamos lo que vamos viendo, es decir, las experiencias que vivimos en esos años, lo que hemos oído y lo que nos han enseñado las personas más importantes de nuestra vida en esos momentos: nuestros padres.

Te pongo un pequeño ejemplo: si en nuestra infancia y de manera constante escuchábamos a nuestros padres decir frases como el dinero no da la felicidad, mejor ser honrado que rico, los ricos siempre lo son a costa de los pobres…, es muy probable que llegada la etapa adulta tengas una limitación y un bloqueo con el dinero.

 Tu mente inconsciente le gana la batalla al consciente.

Sin darnos cuenta, en la vida, solemos repetir patrones en los pilares más importantes: las relaciones, nuestro físico, las finanzas, nuestras metas... Desde el punto de vista de la psicología, se trata de entender que nuestra mente inconsciente le está ganando la batalla a la mente consciente, a través de todas aquellas memorias, traumas y miedos que hemos ido coleccionando desde que éramos pequeños.

Recuerda que el poder de la mente consciente es muy pequeñito comparado con el de la mente inconsciente. Aunque te parezca mentira, es en el inconsciente donde reside nuestro mayor potencial.

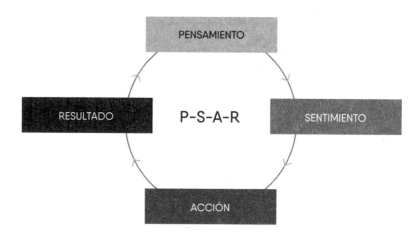

Te pondré un ejemplo: si piensas que la gente con más dinero no tiene valores o que el dinero te hace peor persona o corrompe, inevitablemente, cada vez que ganes dinero, experimentarás un sentimiento que no será positivo, sino más bien de rechazo. Este sentimiento de rechazo hará que gastes el dinero de manera compulsiva para no tenerlo en tus bolsillos mucho tiempo y el resultado será que vivirás cada mes ahogado.

¿Y cuál es la solución?

REAPRENDER

Te daré una buena noticia: nuestros patrones y creencias limitantes se pueden eliminar y reformular.

Estos programas no son más que redes neuronales que se han puesto «cómodas» en nuestro cerebro. Las neuronas, mediante la sinapsis, han formado una red que se ha ido consolidando con el tiempo. Cada vez que la creencia se ha manifestado y ha sucedido algo que nos ha llevado a confirmarla, la red se ha ido haciendo más sólida. Por eso cuesta tanto reprogramar.

Requiere trabajo, pero se puede.

Además, el hecho de que estén tan arraigadas en el subconsciente implica que tienen una enorme influencia en nuestro comportamiento. La extraordinaria capacidad de esta parte del cerebro significa que no somos dueños de nuestros pensamientos: incluso cuando creemos pensar algo de manera por completo consciente, esa idea ya se ha dado una vuelta por los terrenos del subconsciente.

NUEVOS PATRONES

Los seres humanos nos hablamos a nosotros mismos unas cincuenta mil veces al día. Está probado que la gran mayoría de esas veces, alrededor del 80 por ciento, lo hacemos de manera negativa.[1] Esto no deja de ser un **sesgo cognitivo** para que seamos prudentes y temerosos ante un mundo lleno de «alertas».

Detectar y transformar una creencia limitante es un proceso que implica autoconciencia, reflexión y acción deliberada. Aquí hay una guía paso a paso para ayudarte en este proceso:

Paso 1: identifica tus creencias limitantes
Reflexiona sobre tus pensamientos acerca del dinero y las creencias que puedas tener.

Pregúntate a ti mismo:

☐ ¿Qué ideas tengo sobre el dinero?

_____

_____

☐ ¿Son positivas o negativas?

_____

_____

1. <https://institutoeuropeodecoaching.com/creencias-limitantes/>.

Presta especial atención a las declaraciones que comienzan con «siempre», «nunca», «no puedo» o «no merezco».

Te pongo algunos ejemplos. ¿Tienes interiorizada alguna de las siguientes creencias?

☐ El dinero no da la felicidad.
☐ El dinero es solo para unos pocos.
☐ Mejor pobre y honrado que rico y perverso.
☐ Los ricos son ricos a costa de los pobres.
☐ Invertir es de ricos.
☐ No sé si podré ganarme la vida con lo que me gusta.
☐ No soy bueno/a con el dinero.
☐ No me hace falta tener mucho dinero para ser feliz.

Paso 2: cuestiona su origen

Elige ahora una de las creencias del apartado anterior y pregúntate a ti mismo dónde crees que pudo crearse. ¿Se originó a partir de experiencias de la infancia, influencias culturales o situaciones difíciles de tu vida adulta?

_____

_____

Comprender el origen de la creencia puede ayudarte a contextualizarla y evaluar su relevancia actual.

Paso 3: desafíala

Cuestiona la validez de la creencia:

¿Es realmente cierta o es una interpretación subjetiva?

_____

_____

¿Cómo ha afectado esta creencia a mis decisiones financieras hasta ahora?

_____

_____

¿Tengo algún hecho objetivo para determinar que mi creencia sea cierta?

_____

_____

¿Qué me aporta esta creencia?

_____

_____

¿Cuál es el precio que estoy pagando por tenerla?

_____

_____

¿Tiene un efecto positivo en mí o en mi vida?

_____

_____

¿Siento paz o estrés con esta creencia?

_____

_____

¿Cómo sería mi vida sin ella?

_____

_____

Paso 4: reemplázala con una creencia positiva

¿Cómo puedo reformular mi creencia para que sume, para que aporte paz y cosas positivas a mi vida? Identifica una creencia alternativa y positiva que pueda reemplazar la creencia limitante.

Asegúrate de que la nueva creencia sea realista y se alinee con tus objetivos y valores. Te pongo una primera de ejemplo, pero no tengas miedo de continuar tú misma con la tabla:

Creencia negativa	Creencia positiva equivalente
No merezco tener éxito financiero.	*Merezco alcanzar mis metas financieras y disfrutar del éxito.*

Paso 5: incorpora afirmaciones positivas en tu día a día
Desarrolla afirmaciones positivas que refuercen la nueva creencia. Estas afirmaciones deben ser declaraciones afirmativas, realistas y específicas. Una vez que las tengas, repítelas regularmente para fortalecer la nueva mentalidad.
Te dejo unas cuantas:

- ☐ Soy un ser abundante.
- ☐ Soy un imán para el dinero.
- ☐ Tengo un potencial ilimitado con el dinero.
- ☐ Gestiono mis finanzas de manera excelente.
- ☐ Tomo decisiones acertadas para mi economía.

☐ Mi abundancia crece día a día.

☐ Me doy permiso para ganar más y más dinero.

☐ Vivo en un mundo próspero.

☐ Merezco todo lo bueno que me pase en la vida.

☐ El dinero viene a mí.

Paso 6: practica la visualización positiva

Imagina escenarios financieros exitosos y siente las emociones asociadas con el logro.

La visualización puede ayudar a reprogramar tu mente y generar una asociación positiva con el éxito financiero. Plantéate la creación de un *pin board* (los famosos «paneles de visualización») para ayudarte con esta tarea. Puedes hacerlo físico u online.

Paso 7: integra cambios en el comportamiento

Identifica acciones concretas que estén alineadas con tu nueva creencia positiva. Inicia pequeños cambios en tus comportamientos financieros para alinearlos con la nueva mentalidad. Recuerda que algunos estudios afirman que hacen falta veintiún días para asentar un nuevo hábito, pero en realidad puede llevarte mucho más tiempo y lo importante es que seas constante.

Paso 8: seguimiento y ajuste

Evalúa tu progreso con regularidad y ajusta según lo vayas necesitando. ¿Notas cambios en tus pensamientos y comportamientos financieros? Si sientes un bloqueo o que enfrentas desafíos para los que no estás preparada, ajusta tus estrategias y busca apoyo si es necesario.

Este proceso requiere tiempo y práctica continua. La clave, como con todo en la vida, es la **consistencia**. No dejes de desafiar las creencias limitantes y reforzar las nuevas creencias positivas a lo largo del tiempo. La autorreflexión constante y la disposición para ajustar el enfoque según sea necesario son esenciales para lograr una transformación exitosa.

2
EL DINERO ES ENERGÍA

La semana después de acudir al club, Manuela tiene unos días libres en el hospital. Anhela desconectar y hallar serenidad, así que decide irse a la playa. Elige un pequeño pueblo en Asturias como refugio temporal. El aire salino del mar junto con el verde inconfundible del norte y la arquitectura encalada de las casas parece prometer la paz que tanto necesita.

A la mañana siguiente a su llegada y aprovechando un tímido sol que asoma entre las nubes, Manuela sale pronto de casa para dar un paseo por el pueblo. Deambula por las estrechas y empinadas calles. Sus pasos la llevan a uno de los rincones más pintorescos, unas casas entre las montañas desde donde se ve a un lado toda la costa y al otro una imponente montaña. Repara en una octogenaria que teje en la puerta de su casa. Intrigada, se acerca a la mujer para preguntarle sobre su labor.

—Buenos días.

—Buenos días. ¿Eres de por aquí?

—No. He venido de vacaciones. Me encanta el norte, estar aquí me ayuda a relajarme.

—Tienes pinta de que vienes a olvidarte de la gran ciudad, ¿verdad? Vivís muy estresados por allí. El ruido, la contaminación… En muchas ocasiones os olvidáis de las cosas realmente importantes de la vida.

A Manuela le asombra la sentencia de la mujer, aunque opina que no le falta razón.

—Hija, te diré algo, y me meto donde no me llaman, pero aquí podrás relajarte unos días. Eso es cierto. Pero tus problemas no se resolverán si luego no haces nada al respecto. Aprovecha este aire puro y esta calma para pensar qué vida quieres elegir y aplícala una vez que estés allí. Si no, tendrás que volver dentro de unos meses.

—¿Cómo sabe usted todo eso?

—No eres la única a la que le pasa. Por aquí viene mucha gente como tú. Utilizan este lugar como refugio para escapar de su rutina. Como si aislarse unos días fuese a solucionar los problemas que dejan allí.

—Tiene usted toda la razón —asiente Manuela—. Mi idea era desconectar y ordenar mis pensamientos. Estoy atravesando un momento difícil en mi vida y tengo decisiones que tomar.

—¿Decisiones sobre qué?

—Sobre… dinero, la verdad.

La mujer se echa a reír y le hace un gesto a Manuela para que la acompañe.

—Métete para dentro si quieres y nos tomamos un té. Que yo tengo una cosa o dos que decir sobre el dinero…, y agradezco la compañía, la verdad.

Manuela vacila. Entrar así en la casa de una desconocida es algo que no estaba en sus planes, aunque tratándose de una anciana indefensa, no le ve ningún peligro. Además, no tiene nada que hacer. Por primera vez en su vida se ha ido de viaje sin una ruta que seguir y unos horarios marcados, así que… ¿por qué no? Acepta la invitación. Aunque, eso sí, se pregunta qué puede tener que decir sobre el dinero una mujer mayor del mundo rural.

—Me encantaría.

La anciana la invita a pasar. Al atravesar la puerta, Manuela se queda atónita y se acuerda de lo de no juzgar por las apariencias. La modestia de la anciana contrasta con la opulencia y el diseño étnico de la decoración interior. Piezas de arte de todo el mundo adornan las paredes, muebles de época se mezclan con elementos modernos, y la casa emana un aire de sofisticación. Manuela no puede evitar sentirse sorprendida ante esta dualidad.

La anciana, que se presenta como Victoria, la invita

a sentarse a una mesa redonda, al lado de una bonita y acogedora chimenea de piedra. Prepara el té mientras comparte detalles de su vida. Le revela que pertenecía a una familia de embajadores y que fue profesora antes de que una tragedia cambiara el rumbo de su existencia. A los cuarenta años, perdió a sus padres en un accidente de tráfico: aquello le hizo decidir dejarlo todo y dar la vuelta al mundo, a pesar de lo poco habitual que era que una mujer sola hiciera algo así por aquel entonces.

Sus ojos brillan al recordar los colores de los mercados de Marrakech, la tranquilidad de los templos budistas en Tailandia y la calidez de la gente en las aldeas africanas.

Mientras teje, Victoria le muestra a Manuela la diversidad de culturas y experiencias que ha vivido. Su relato está lleno de encuentros y momentos significativos.

—¿Quieres saber un secreto? Las verdaderas riquezas no se miden en posesiones materiales, sino en experiencias y conexiones humanas.

Después de la tragedia familiar, decidió despojarse de la comodidad de su vida anterior y seguir el ejemplo de sus padres de viajar por el extranjero. Se sumergió en labores humanitarias, trabajando en proyectos que beneficiaban a comunidades de todo el mundo. Las paredes de esa casa, testigos silenciosos de las historias de Victoria, son como una ventana al mundo y a la resiliencia humana. La mujer, a pesar de su aparente extravagancia, irradia humildad y empatía. Su hogar se ha convertido en un santuario de experiencias y aprendizajes que comparte con aquellos dispuestos a escuchar.

—¿Te puedo hacer una pregunta? ¿Cómo una persona que lo tiene todo vive en una lujosa casa con todas las comodidades a su servicio, con un trabajo que le gusta, decide abandonar todo eso y embarcarse en un viaje lleno de incertidumbre y peligro?

Victoria deja a un lado su tejido por un momento y mira al horizonte.

—Ah, Manuela, la vida es un camino curioso, ¿no crees? Hubo un tiempo en el que vivía en la opulencia, rodeada de lujos y comodidades. Pero llegó un día en el que me di cuenta de que esas cosas no llenaban mi corazón. La muerte de mis padres me hizo reflexionar mucho sobre la vida y sobre el tiempo.

—Entiendo que para ti fuese algo traumático. Mucho, de hecho. No debe ser nada fácil encajar algo así. De golpe. ¿Qué fue lo que cambió en ti para tomar la decisión de marcharte?

—Me di cuenta de que la vida es breve. Que hoy estamos aquí pero es posible que mañana no. No quería vivir la vida de otras personas, sino la mía. Cuestionarme si lo que hacía en ese momento me daba felicidad fue una de las mejores preguntas que me pude hacer en mi vida. Y la respuesta la tenía clara desde hacía mucho tiempo, pero la rutina, el día a día, las obligaciones autoimpuestas no me dejaban sacar a la luz la respuesta verdadera. En muchas ocasiones tenemos tanto miedo a preguntar qué es lo que sentimos que lo tapamos y ponemos parches. Como venir a este maravilloso pueblo a pasar unos días. La muerte de mis padres en aquel accidente me provocó un despertar de la conciencia, podrías llamarlo así. No podía quedarme de brazos cruzados. Yo no era feliz con mi vida realmente. Ayudar a los demás siempre me gustó.

—¿Y cómo tomaste la decisión de cambiar tu vida?

—Fue un proceso gradual. Comencé a simplificar despojándome de las posesiones que no tenían significado real. Y luego, un día, decidí dar un paso más allá. Vendí mi casa y doné gran parte de mis pertenencias.

—Debió ser una decisión difícil.

—Lo fue, sin duda. Pero, querida, viajar por el mundo, conocer personas de diferentes culturas y ayudar en labores humanitarias me ha dado una riqueza interior que nunca experimenté en mi vida de lujos. Sigue a tu corazón, Manuela. La verdadera riqueza está en vivir con propósito. No temas soltar lo que ya no necesitas y aventurarte hacia lo desconocido. A veces, encontrarás la plenitud en los lugares más inesperados. La vida es un regalo, querida. No tengas miedo de explorar sus posibilidades. Es cierto que, en mi caso, pertenecer a una familia con posibilidades económicas me ayudó a que pudiera tomar esa decisión. El dinero nunca fue una preocupación para mí.

—¿Sabes? Siempre he pensado que el dinero era algo malo. Que convertía a las personas en seres egoístas, que es el causante de muchos de los problemas del mundo. La semana pasada estuve en un sitio donde escuché diferentes perspectivas sobre el dinero. Y entendí que, en gran medida, lo que he pensado toda mi vida sobre él viene de mis experiencias en casa cuando era una niña. Nunca había conocido a alguien como tú: con grandes posibilidades económicas y que decidiera a pesar de eso poner su vida y su dinero al servicio de los demás.

—Estamos demasiado condicionados por un sistema que nos impone una serie de creencias. A este sistema no le interesa que la gente tenga una buena relación con el dinero. Hay muchas empresas que viven de ello. Los bancos, por ejemplo, viven en gran medida de hacer que la gente se endeude. Pero el dinero solo es una herramienta más, que no te define. No habla de quién eres ni de tus valores.

—¿No crees que hace que mucha gente se vuelva más avariciosa?

—¿Crees que tú serías peor persona si tuvieras más dinero en tu cuenta corriente? ¿En qué cambiaría tu vida?

Manuela se queda pensativa. Nunca se ha hecho esa pregunta.

—¿Cómo cambiaría mi vida si tuviera más dinero? Pues supongo que en no mucho… Bueno, ahora mismo estaría más tranquila, porque tengo una decisión importante que tomar sobre la casa donde vivía con mi exmarido. Y entiendo que si tuviera más dinero también me habría preocupado más en aprender qué hacer con él.

—Pero ¿serías peor persona? ¿Tendrías menos valores? ¿Harías daño a otros? ¿O por el contrario podrías permitirte ayudar a la gente?

—No. No creo que cambiasen mis valores, para nada.

—¡Claro! Porque como te decía antes, el dinero no es más que una herramienta. No tiene sentimientos. No define quién eres. Sí puede potenciar lo que llevas dentro. Amplifica. Si eres una buena persona estoy segura de que harás grandes actos con él. Ayudarás a tu familia, tus amigos. Contribuirás a un mundo más justo. Si eres mala persona, es posible que hagas un mal uso de él. Pero el dinero, en sí, no es nada. ¿Alguna vez has considerado que el dinero es mucho más que billetes y monedas?

—¿A qué te refieres?

—El dinero es energía, Manuela. Es el fruto de la energía que invertimos en ganarlo, y también es un reflejo de la energía con la que lo recibimos.

Intercambio de energía

El dinero es energía, ya lo decía Victoria. La energía que inviertes en ganarlo y la energía con la que sale de tus manos. Imagina que cada acción que emprendes para ganar dinero es como plantar una semilla. Cada hora de trabajo, de esfuerzo, es una semilla que siembras en el vasto campo de la vida. Y cuando cosechas, estás recogiendo los frutos de esas semillas. La energía que pones al trabajar, al emprender, al servir, es la que impulsa esas semillas a crecer. Pero también es importante la energía con la que recibes ese dinero. Si lo haces con gratitud, con consciencia de que se trata de un intercambio justo por tu esfuerzo, entonces, la energía fluye de manera armoniosa. Recapitulemos lo que hemos aprendido hasta ahora:

1. **Reconoce tus creencias limitantes:** ya hemos trabajado las creencias limitantes en el primer capítulo, así que espero que a estas alturas seas capaz de identificarlas. En este caso, la creencia limitante que hay que superar es la noción de que acumular riqueza material era el único camino hacia el éxito y la realización personal. Esta revelación nos permite liberarnos de restricciones autoimpuestas.

2. **Comprende la naturaleza energética del dinero:** como venimos diciendo, el dinero es energía en sí mismo. La forma en que se gana, gasta y recibe está imbuida de una energía particular. Cada transacción financiera no es solo un intercambio de monedas, sino un intercambio de energía, y la calidad de esta energía afecta directamente a su vida.

3. Percibe el dinero como la herramienta transformadora que es: el dinero no es simplemente una herramienta para la supervivencia diaria, sino una herramienta transformadora que puede mejorar tu calidad de vida. Aprende a ver el dinero como un medio para construir experiencias significativas y contribuir al bienestar general, cambiando la perspectiva de acumulación por la búsqueda de un propósito más elevado.

—¿Y si recibes el dinero con energía negativa? —pregunta Manuela, intrigada por la respuesta de la anciana.

—Ah, ahí radica la clave. Si recibes el dinero con resentimiento, con codicia o con una sensación de insuficiencia, estás sembrando semillas tóxicas. Esas semillas darán frutos amargos, y la energía negativa se propagará en tu vida financiera y más allá.

—Nunca había pensado en el dinero de esa manera. ¿Tú siempre lo has visto así? ¿O cambiaste tu perspectiva?

—Fue parte de mi viaje, querida. Comprendí que el dinero es una herramienta poderosa, pero su poder depende de cómo lo manejamos. Cambié mi enfoque de acumular riqueza material a acumular riqueza en experiencias, en ayudar a otros y en vivir con propósito. Al hacerlo, la energía que rodea mi relación con el dinero se transformó.

—Es una forma muy bonita de verlo. La verdad..., yo no tengo ni idea de cómo cambiar mi energía con respecto al dinero. Lo cierto es que hasta ahora ha sido de todo menos positiva.

Victoria sonríe con ojos comprensivos.

—Empieza por apreciar cada céntimo que ganas. Sé consciente de que es el resultado de tu esfuerzo y talento. Y, lo más importante, utiliza el dinero no solo para tu beneficio, sino también para el bienestar de otros. Cuando lo haces con amor y gratitud, transformas el dinero en una fuente de energía positiva.

Manuela se queda en silencio por un momento, absorbiendo las palabras de Victoria mientras la anciana vuelve a sus agujas, pero su lección sobre la energía del dinero permanece flotando en el aire y deja a Manuela con una nueva comprensión de la conexión entre el dinero y la energía en su propia vida.

—Viéndolo así, ¿no crees que la mayoría de la gente se relaciona de manera negativa con el dinero?

—Por desgracia sí. La gran mayoría de las personas están equivocadas al pensar que con más dinero sus problemas desaparecerían. Pero, en realidad, también hay mucha gente que se da cuenta de que no necesita tener mucho dinero para crear su vida ideal. Quienes descubren cómo cambiar su actitud frente al dinero y curan sus heridas pasadas relacionadas con él son quienes se sienten más ricos, independientemente de la cantidad de dinero que tengan. Nuestra relación con el dinero se refleja de manera directa en nuestra vida. Si creemos que el dinero es abundante, que cuando nosotros tenemos más no es a costa de otros, que lo podemos usar para hacer el bien, eso se reflejará tanto en nuestro interior como en nuestro exterior. Lo mismo ocurre cuando pensamos que es el centro de todos nuestros problemas.

 En el juego de la vida no gana quien tiene más dinero, sino quien más lo disfruta.

—Ahora entiendo muchas de las cosas que me han pasado en la vida.

—Mira, Manuela, si hay algo de lo que quiero que te acuerdes cuando te vuelvas a tu casa es que hay dos formas de relacionarse con el dinero: desde el amor o desde el miedo. Las personas que se relacionan desde el miedo pasan su vida temerosas: de tener poco dinero en algún momento, de que le engañen, de gastarlo en algo y que luego se arrepientan... El dinero supone para ellos una fuente de conflicto y miedo constante. La gran mayoría de la gente se relaciona con el dinero así. El propio sistema financiero está basado en este miedo y se aprovecha de él.

Sin embargo, las personas que son capaces de relacionarse con el dinero desde el amor disfrutan de él. Lo reciben con gratitud y armonía. Y de igual manera lo entregan. Saben lo que quieren, no hacen compras impulsivas, sino siguiendo sus prioridades y preferencias. Viven el presente y no están angustiadas por el futuro. Confían en sus posibilidades.

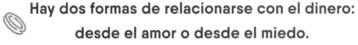

Hay dos formas de relacionarse con el dinero: desde el amor o desde el miedo.

—Todo lo que me cuentas suena muy espiritual. ¿Crees que una persona con mucho dinero puede ser espiritual?

Victoria sonrió, pausó su labor de tejido y miró a Manuela con ternura.

—Sí, querida, yo misma me considero una persona espiritual. Para mí, la espiritualidad está entrelazada con la forma en que vivo mi vida y cómo me relaciono con el mundo que me rodea. La cantidad de dinero que tengas no determina tu espiritualidad. Depende más bien de cómo utilizas ese dinero y la intención detrás de tus acciones financieras. Puedes ser rico y vivir de manera espiritual, contribuyendo al bienestar de otros y siendo consciente del impacto de tus decisiones.

—Es que parece que todo el mundo tiene esa concepción de que el dinero y la espiritualidad no pueden coexistir. Es una de las cosas que me paraliza.

—Es una creencia arraigada, querida, pero no es necesariamente verdadera. Mira, para mí la espiritualidad implica reconocer la interconexión de todas las cosas. Cuando trato con el dinero, lo veo como una herramienta que puede ser usada para sembrar amor, compasión y mejorar la vida de los demás. La espiritualidad se manifiesta en cada elección que hago con respecto al dinero.

—Sí, pero… yo a veces siento una cierta tensión entre mis aspiraciones espirituales y las demandas financieras de la vida cotidiana.

—Es normal, una lucha común. Pero recuerda, Manuela, que la espiritualidad no consiste en renunciar al mundo material. Consiste en encontrar equilibrio y alinear tus acciones financieras con tus valores más profundos.

—Tus palabras son muy reconfortantes, Victoria. Me has ayudado a ver las cosas desde una perspectiva diferente. Mil gracias por esta conversación. Tenía pensado darme un paseo por el pueblo, pero este té contigo ha sido un viaje increíble. Te garantizo que reflexionaré sobre todo lo que hemos hablado y me llevaré las conclusiones a la gran ciudad, así la próxima vez que vuelva no será para desconectar sino para hacerte una visita y contarte mis cambios.

—Me encantará volverte a ver y que me cuentes esos avances. Cuídate mucho, hija.

Manuela se levanta y cruza la puerta con una nueva perspectiva y un gran agradecimiento en su corazón.

Mientras se aleja, piensa en las lecciones valiosas que ha aprendido de Victoria.

Se ha prometido un día más de desconexión y al siguiente se pondrá manos a la obra. Recuperará su vida. Se había propuesto sentarse consigo misma, valorar aquellas cosas que le hacían sonreír, que le motivaban. Esas cosas del día a día que hacen que la vida merezca la pena y que la rutina diaria nos hace dejar de lado.

> **Cada transacción financiera no es solo un intercambio de monedas, sino un intercambio de energía, y la calidad de esta energía afecta directamente a tu vida.**

¿Cómo nos afecta ese intercambio de energía?

Existe una conexión profunda entre la generosidad y la abundancia. Practicar la generosidad no solo afecta positivamente a quien recibe, sino que también crea un flujo positivo de energía en la vida de quien da.

Sin embargo, la generosidad por sí sola no es suficiente para que la energía que invertimos en el dinero sea positiva. También es importante hablar de **optimismo**. Es crucial recordar que la naturaleza financiera es fluctuante: la clave radica en abrazar la **impermanencia** con una actitud positiva y adaptativa.

Hay que tener en cuenta el impacto que nuestras elecciones financieras individuales pueden tener en la comunidad. Un enfoque positivo hacia el dinero contribuyó a la creación de una comunidad más próspera y conectada. Por ello, entender nuestras decisiones financieras como una oportunidad para contribuir al bienestar colectivo es esencial.

Siguiendo las palabras de Victoria, recuerda que el dinero no te define como persona: tener más o menos dinero no hace que tengas más o menos valores. Simplemente puede amplificar lo que eres.

Si eres una buena persona, tener más dinero te llevará a hacer acciones con un impacto positivo en tu entorno y en la sociedad. Tampoco te convierte en una persona más materialista por definición: por el contrario, la libertad económica te permitirá abordar aspectos de tu vida para los que quizá antes no tenías tiempo.

Una persona puede ser muy espiritual y tener mucho dinero: la espiritualidad es una forma de vida y consciencia. No tiene nada que ver con el dinero que tengas en tu cuenta corriente.

Es hora de que te abras a un nuevo comienzo.
Es hora de que te renueves.

Ojalá estés experimentando una sensación de novedad y emoción, de inspiración para tomar decisiones financieras más conscientes y alineadas con tus valores. Si empieza a germinar esa semilla en ti, entonces vamos por el buen camino.

NUEVAS IDEAS

Ahora que ya hemos aprendido que el dinero es energía y hemos eliminado esos patrones que nos generaban creencias limitantes, te propongo que sigas estos pasos prácticos a partir de hoy.

Te ayudarán notablemente a relacionarte mucho mejor con el dinero, a verte como una persona más abundante sin que necesariamente tu cuenta bancaria aumente y empezarás a sentirte más atraída hacia todo lo que tenga que ver con tus finanzas personales.

- ✓ Eliminar la mentalidad de escasez.
- ✓ Perdona y sana las heridas del dinero.
- ✓ Descubre nuestros talentos y empieza a hacer fluir el dinero.
- ✓ Confía en la vida.
- ✓ Da las gracias todo el tiempo. Cada vez que recibes dinero y cada vez que tienes la posibilidad de gastarlo. Recuerda que el dinero es un flujo que va y viene.

Siguiendo este último punto, te propongo escribir un diario en el que dejes un apartado concreto para **practicar la gratitud**. Puesto que nuestro objetivo es que sepas relacionarte mejor con el dinero, te animo a que durante la lectura de este libro y en los meses siguientes focalices esas frases de agradecimiento en el aspecto económico.

Si este fuera el diario de Manuela, nuestra protagonista, se parecería a lo siguiente:

> *Siento gratitud porque, a pesar de todo lo que me ha ocurrido, estoy dispuesta a aprender a relacionarme con el dinero.*
> *Siento gratitud por el sueldo que entra cada mes y cuyo desglose me gustaría conocer mejor en el futuro.*

Anímate y continúa la lista con tu propio diario de gratitud. Y recuerda seguir añadiendo frases todos los días:

_____

_____

_____

_____

3
INTELIGENCIA FINANCIERA

La tarde cae sobre Madrid mientras Manuela, con la mochila llena de experiencias de su viaje, sale de un día largo de hospital y se sumerge en el bullicio de la ciudad. Decide detenerse en su café favorito, un rincón acogedor al que le gusta ir a reflexionar. Al entrar, una figura conocida capta su atención. Lucía, la líder del Club de Mujeres Empoderadas, está sentada en una esquina, con un libro en una mano y una taza de café humeante en la otra.

Intrigada, Manuela se acerca y la saluda con timidez. No le gusta interrumpir su lectura. Pero Lucía parece contenta de verla y le responde con una gran sonrisa y un fuerte abrazo.

—Pero ¡cuánto me alegro de verte, Manuela! ¿Qué tal estás?

—Bastante mejor. No sabes lo bien que me vino reunirme con vosotras. Decidí irme la semana pasada unos días a Asturias y he vuelto con el chip bastante cambiado.

—¡Qué alegría escucharte decir eso! ¿Te apetece sentarte y contarme?

—¡Claro!

Manuela le relata a Lucía sus experiencias por Asturias, desde las montañas hasta las playas, los paseos matutinos, las noches al lado de la chimenea, pero, sobre todo, lo más impactante para ella: esa charla que nunca olvidará con Victoria, la mujer que conoció en el pueblo, y el cambio en su perspectiva sobre el dinero.

Lucía va asintiendo a medida que ella habla. Cuando Manuela ha terminado, ella toma la palabra y le comienza a contar historias de su propia vida sobre este tema.

—¿Qué libro estás leyendo? Se te veía inmersa en tu lectura.

—Uno sobre inteligencia financiera —le responde Lucía—. Este año quiero impulsar al máximo mis dos empresas y para ello tengo que perfeccionar mis conocimientos en finanzas y desarrollar aún más mi mentalidad millonaria.

—Guau. Últimamente el tema de las finanzas me persigue a todas partes —bromea—. ¿Qué es exactamente la inteligencia financiera?

—La inteligencia financiera versa sobre cómo optimizar al máximo tus recursos financieros. No se trata de ganar más, sino optimizar al máximo lo que tengas.

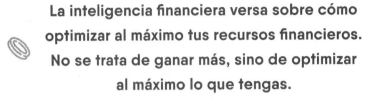

> **La inteligencia financiera versa sobre cómo optimizar al máximo tus recursos financieros. No se trata de ganar más, sino de optimizar al máximo lo que tengas.**

—Para eso necesitas saber mucho de finanzas, ¿no?

—Quizá menos de lo que te esperas *a priori* y ahora mismo se te hace un mundo. Uno de los pilares de la inteligencia financiera es el conocimiento. Solo con conocimiento se pueden tomar las decisiones acertadas, ¿no? Hay que hacerse las preguntas adecuadas y asegurarse de contar con la información pertinente. El segundo pilar consiste en dominar la parte emocional.

—¿Qué tiene que ver el dinero con las emociones?

—Todo. Lo tiene que ver todo. El dinero está muy relacionado con nuestras emociones. En la gran mayoría de los casos, no usamos el dinero para transacciones económicas, sino para transacciones emocionales. Las emociones más comunes relacionadas con el dinero van desde miedo y ansiedad, rabia y resentimiento, pena y tristeza, odio y desesperación, superioridad e inferioridad, culpa y vergüenza, insensibilidad, alegría y emoción, gratitud y amor, y, por último, felicidad. Piénsalo, realmente con el dinero no estamos comprando el bien material al que accedemos con él, sino la consecuencia de obtenerlo: reconocimiento, seguridad, estatus social, agradar a otros, aumentar nuestra autoestima. Tener una relación sana con el dinero implica gestionar bien esta dimensión emocional, para poder decidir con raciocinio, y no dejándonos llevar.

Manuela se toma un momento para reflexionar sobre las palabras de Lucía. ¿Le ha pasado a ella alguna vez esto de lo que habla?

—No había reparado en esto. Quizá porque nunca le di demasiada importancia al dinero; como ya sabes, siempre ha sido algo que he alejado de mi vida. Pero ahora que lo dices, sí, en muchas ocasiones he realizado alguna compra impulsiva. Sobre todo en este último año que aumentaron las discusiones con Daniel. Me encontraba mal y algunas tardes me iba al centro comercial a comprarme ropa o cosas que realmente no necesitaba.

Control de los gastos

Lo cierto es que Manuela acaba de dar en la clave. El control de las compras compulsivas y los gastos es esencial para contar con una economía doméstica saneada. No se trata de ganar más, sino de controlar lo que se gasta.

**No se trata de ganar más,
sino de controlar lo que se gasta.**

Manuela ya ha aprendido sobre patrones preestableci-
dos y es consciente de que puede modificar su concepción
del dinero. Está lista para incorporar nuevos conceptos, y
el de la inteligencia artificial parece muy interesante. Lucía,
en ese momento, le pone el ejemplo de dos perfiles distintos de comportamiento financiero. Vamos a echarles un
vistazo.

Caso 1: La gestión prudente. La llamaremos Marta

Lucía le comparte la historia de Marta, una mujer que, a pesar de no contar con unos ingresos extraordinarios, maneja
sus gastos con inteligencia. Explica cómo Marta mantiene un presupuesto detallado, identificando necesidades
esenciales y asignando fondos de manera estratégica.
Marta ahorra una parte de sus ingresos y tiene un fondo
de emergencia, lo que le permite enfrentar imprevistos sin
recurrir a deudas. Marta comprende la importancia de vivir
dentro de sus medios y planificar a largo plazo.

Su enfoque disciplinado hacia los gastos le permitió
conseguir estabilidad financiera, gracias a lo cual ha podido abandonar un trabajo que ya no le gustaba y trabajar de
autónoma en lo que le apasiona. Hoy en día, con su economía doméstica y su economía de empresa, es casi más

rigurosa que antes. Nunca gasta más de lo que se puede permitir y tiene sus cuentas claramente identificadas: por un lado, la que es de gastos personales y por otro la cuenta destinada a cosas de su trabajo. Además, se ha abierto otra para los impuestos. Administrándose así, nunca ha tenido que pedir un préstamo ni se ha visto obligada a endeudarse. Ha vivido siempre dentro de sus posibilidades y ha ido aumentando su nivel de vida conforme lo han ido haciendo sus ingresos.

Caso 2: La falta de control. La llamaremos Lidia

Por otro lado, tenemos a Lidia, una mujer que gana considerablemente más que Marta. Sin embargo, debido a su falta de control sobre sus gastos, siempre está luchando a nivel financiero. Lidia vive al límite de sus ingresos, gasta sin reflexión en lujos temporales y se endeuda para mantener su estilo de vida. No entiende la importancia de controlar el dinero que sale de su cuenta. Aunque gana más, su falta de disciplina financiera la lleva a una situación precaria. Se mete en un círculo vicioso de pagar sus viajes o caprichos a plazos y esto va haciendo que el porcentaje de sus ingresos destinado a sus deudas vaya aumentando cada vez más, lo que le hace perder su capacidad económica mensual y verse cada vez más asfixiada. Llegado el momento, Lidia tiene que cerrar su empresa porque las deudas la atrapan. Por suerte, es una mujer muy luchadora y resiliente y con gran esfuerzo y valentía se vuelve a reinventar. Hoy en día ha aprendido de sus errores y planifica meticulosamente sus ingresos mensuales para saber hasta dónde puede gastar y cómo distribuirlos de la manera más eficiente. Por supuesto, ningún mes falla en destinar un porcentaje de su sueldo al ahorro.

—Me han parecido muy ilustrativos los ejemplos, Lucía. Me siento muy identificada con este último caso, sin haber llegado a una situación económica tan extrema de verme así de endeudada. Pero lo cierto es que nunca he llevado un control de mis gastos y no he planificado para nada mi sueldo.

—Hazte esta pregunta: ¿controlas tus gastos o tus gastos te controlan a ti? Solo de la primera forma podremos tener un balance positivo en nuestra economía doméstica e ir aumentando nuestro patrimonio de manera progresiva.

 ¿Controlas tus gastos o tus gastos te controlan a ti?

—¿Balance? ¿Eso no es algo que se hace en las cuentas de las empresas?

—Correcto. ¿Y no es acaso tu economía doméstica la

misma que la de una pequeña empresa? ¿En qué difieren? Tú tienes unos ingresos mensuales, así como unos gastos. El equilibrio entre ellos genera tu balance. Y si es positivo, podrás invertir ese dinero. Sin embargo, si no hay control y tus deudas te comen, llegarás, al igual que una empresa, a una quiebra financiera.

—Pues tienes toda la razón —le concede Manuela—. Nunca me había planteado llevar mi economía doméstica como si fuese una pequeña empresa.

—Te propongo que empieces a hacerlo. Dedica una mañana de un fin de semana al mes. Revisa los gastos que has tenido, así como los ingresos. Descárgate una plantilla de Excel, hay muchas en internet, o crea la tuya propia y lleva el control ahí. Revisa qué tipo de gastos tienes y cuánto «te sobra» cada mes. Y después, cada tres meses, o seis, haz una buena valoración de cómo va tu patrimonio. Si aumenta o, por el contrario, disminuye. Pero hazlo de una forma amena, para que te acostumbres. Quizá en esta cafetería que me has dicho que es tu favorita. Con un buen café o té. Hazlo sintiendo que estás llevando el control de tu vida financiera y no como una tarea absurda y aburrida.

—Entonces ¿busco en internet alguna plantilla para crear mi balance y luego lo voy controlando cada trimestre?

—Sí. Empieza por ahí. En el balance tendrás tus activos y pasivos. Es decir, tus pertenencias, aquello que posees y que tiene un valor económico, y tus deudas u obligaciones financieras. Valora cuánto tienes de uno y cuánto de lo otro. Lo ideal siempre es que el balance sea positivo, es decir, que tus activos sean superiores a tus deudas. Si cada poco tiempo revisas este balance, tomarás consciencia de cómo va cambiando tu vida financiera. Esto te ayudará a motivarte, a sentir que vas llevando el control y, sobre todo, a tomar las decisiones correctas basadas en datos y no de manera subjetiva como ocurre en muchos casos.

—Hoy en día no te sabría decir cuál es la situación de mi economía personal. Solo sé que tengo la hipoteca, que entiendo que sería mi pasivo. Y luego tengo el coche y la casa, que no sé cuánto valdrían hoy en día…, también mi salario como doctora…, que entiendo que todo esto serían mis activos, ¿no?

—Así es. Y la diferencia entre ellos será tu patrimonio neto. Y esto es lo que te va a ayudar a decidir, por ejemplo, qué hacer con la casa. O, a la hora de endeudarte para comprarte un coche nuevo, valorar si hacerlo o no. Si es mejor en un momento dado amortizar hipoteca o invertir ese dinero en algún producto financiero… En todos estos casos, es importante que tomemos decisiones con sentido y objetivas. Todo esto es parte también de la inteligencia financiera.

Manuela le da las gracias a Lucía. Poco a poco va notando que esa incertidumbre y desasosiego que sentía hace unas semanas sobre su situación financiera se va aclarando. Cada vez se ve más capaz de tomar las riendas y esto la motiva a seguir aprendiendo y a hacer mejor las cosas. Se lo explica a su nueva amiga.

—Me alegra oírte decir eso. Este es el camino. Tú eres más que capaz de recorrerlo, Manuela. Eres una mujer muy inteligente. Lo que pasa es que no te habías puesto a ello hasta ahora, pero no por falta de capacidades, sino de conocimientos o interés. Y esas son dos cosas que se pueden cambiar fácilmente. ¿Te veo dentro de dos semanas en el club?

—Por supuesto. ¡Allí estaré sin falta!

Lucía recoge sus cosas, se despide de Manuela con un afectuoso abrazo y, tras salir por la puerta, se difumina entre la multitud de la gente.

Manuela mira el reloj: ya es la hora de cenar, así que se dispone a hacer lo mismo. Se siente realmente satisfecha con la conversación. Parece que poco a poco el destino va encajando las piezas de ese puzle desordenado en el que se ha convertido su vida en los últimos meses.

¿Qué es la inteligencia financiera?

La inteligencia financiera es más que la simple capacidad de hacer cálculos o de entender los conceptos básicos de ingresos y gastos. Se trata de la comprensión de cómo funciona el dinero y cómo tomar decisiones financieras informadas para alcanzar metas a corto, medio y largo plazo. Es la capacidad de navegar por el complejo laberinto financiero con astucia y perspicacia.

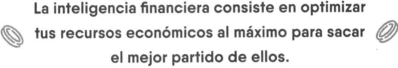

La inteligencia financiera consiste en optimizar tus recursos económicos al máximo para sacar el mejor partido de ellos.

Para tener inteligencia financiera necesitamos:

1. **Educación financiera:** la base de la inteligencia financiera es la educación. Comprender los conceptos fundamentales, desde la diferencia entre activos y pasivos hasta la importancia de diversificar inversiones, proporciona el conocimiento necesario para tomar decisiones informadas.
2. **Planificación financiera:** la inteligencia financiera implica tener un plan claro para tu dinero. Esto incluye la creación de presupuestos, la gestión de deudas y la planificación a largo plazo. La planificación financiera es la brújula que nos permite dirigirnos hacia nuestras metas.
3. **Inversión y crecimiento:** saber cómo hacer que el dinero trabaje para ti es una marca distintiva de inteligencia financiera. Aprender sobre diferentes ve-

hículos de inversión, entender los riesgos y las recompensas y tener una mentalidad de crecimiento financiero son componentes cruciales.

4. **Adaptabilidad y resiliencia:** la inteligencia financiera no es estática sino dinámica y adaptable. La capacidad de ajustarse a cambios económicos, superar obstáculos financieros y aprender de las experiencias es esencial para el desarrollo continuo de la inteligencia financiera.

Tener inteligencia financiera y aplicarla en nuestra vida nos genera grandes beneficios:

• **Transformación personal a través de la inteligencia financiera:** la historia de Manuela es un testimonio de cómo la inteligencia financiera puede transformar vidas. Desde una perspectiva de limitaciones financieras y creencias arraigadas, Manuela evoluciona hacia una mentalidad de abundancia y control financiero a medida que va adquiriendo inteligencia financiera. La inteligencia financiera desmitifica el dinero, lo hace comprensible y accesible. Manuela, al entender la naturaleza del dinero y su papel en su vida, logra superar la ansiedad financiera y abrazar el control sobre sus recursos.

• **Empoderamiento a través de decisiones conscientes:** la inteligencia financiera capacita a las personas para tomar decisiones conscientes. Manuela, al aplicar sus conocimientos financieros, logra alinear sus decisiones con sus metas, desbloqueando así la puerta hacia una vida más próspera.

- **Libertad financiera:** la inteligencia financiera es el camino hacia la libertad financiera. Al comprender cómo administrar, hacer crecer y proteger su dinero, Manuela se liberó de las cadenas de las deudas y las creencias limitantes, abrazando un futuro donde las posibilidades son infinitas.

El balance

Estamos a punto de sumergirnos en un fascinante análisis de tu situación financiera actual, desglosando los elementos fundamentales que conforman tu patrimonio. Es como una radiografía que te permitirá comprender en detalle la salud financiera de tu vida. En este viaje hacia la riqueza y la prosperidad, es esencial comprender la anatomía de tus finanzas.

¿Por qué es tan importante realizar esta «radiografía de tu patrimonio actual»?

- Porque un entendimiento claro de tu situación financiera es el punto de partida para cualquier transformación.

- Porque conocer tus activos y pasivos te da el poder de tomar decisiones informadas y estratégicas.
- Porque al comprender tu balance, estarás en una posición más sólida para construir un futuro financiero próspero.

¿Qué es un balance?

Antes de sumergirnos en los detalles específicos de tu patrimonio, es crucial entender el concepto de balance y por qué es la piedra angular de tu salud financiera. Imagina el balance como el mapa que te guía a través del territorio de tus finanzas, mostrándote con claridad tu posición actual y señalando la dirección hacia donde puedes dirigirte.

Un **balance** es una **herramienta contable que resume la situación financiera de una persona o entidad en un momento dado.** Es como una fotografía instantánea que captura todos tus recursos y obligaciones en un instante específico. En términos más sencillos, el balance responde a la pregunta: «¿Dónde estás parada financieramente en este momento?».

Un balance se construye a partir de los siguientes componentes clave:

- **Activos:** los activos son todo aquello que posees y que tiene valor económico. Pueden incluir propiedades, inversiones, cuentas bancarias, vehículos y cualquier otro bien que pueda convertirse en efectivo. Los activos son la base de tu riqueza. Comprender la naturaleza y el valor de tus activos es esencial para tomar decisiones financieras informadas.

- **Pasivos:** los pasivos representan tus obligaciones financieras, es decir, las deudas y compromisos financieros que tienes. Esto puede incluir préstamos, hipotecas, tarjetas de crédito y otras deudas. Conocer tus pasivos es fundamental para entender tus responsabilidades financieras y cómo estas afectan a tu situación neta.

- **Patrimonio neto:** el patrimonio neto es la diferencia entre tus activos y tus pasivos. Es una medida clave de tu verdadera riqueza y muestra cuánto valor posees después de cubrir todas tus deudas. El patrimonio neto es importantísimo porque es el indicador principal de tu posición financiera. Su crecimiento a lo largo del tiempo supone un objetivo clave para construir riqueza.

El objetivo fundamental es tener una radiografía de nuestro patrimonio y saber dónde se va nuestro dinero. Al comprender el concepto de balance, estás adquiriendo la capacidad de evaluar tu posición financiera con claridad. Este conocimiento te empoderará para tomar decisiones que impulsen tu patrimonio neto y te acerquen a tus metas financieras.

Para ayudarte a comprender aún mejor lo que es un balance y que puedas tener tu propia radiografía, he creado una plantilla muy sencilla que puedes descargarte a continuación.

Ahora que hemos comprendido qué es un balance y cómo se estructura, es el momento de sumergirnos en la trascendental importancia de evaluar tu patrimonio. Este paso no es solo un ejercicio contable; es el faro que ilumina el camino hacia decisiones financieras informadas y la construcción de una base sólida para tu éxito financiero.

CREA TU PROPIO BALANCE

En esta ocasión vamos a hacer un ejercicio práctico para ayudarte a crear tu propio balance personal. Si lo prefieres, puedes hacer el balance en tu ordenador, descargando la plantilla que te he dejado en el QR anterior. O quizá seas de papel y bolígrafo, y en ese caso tienes la opción de imprimir la plantilla y combinar un folio que puedes poner entre estas páginas con el espacio en blanco que te dejo aquí para responder a las preguntas. En cualquier caso, ¿estás lista? Comenzamos:

1. Evalúa tu patrimonio para obtener claridad financiera. Tómate el tiempo necesario para **hacer una lista y calcular tus activos, tus pasivos y, a partir de esas cifras, obtener tu patrimonio neto**, que es la medida real de tu riqueza. La claridad financiera es el primer paso hacia la toma de decisiones informadas.

2. A partir de estos números, **identifica las áreas de mejora**. La evaluación te proporciona una hoja de ruta para optimizar tu posición financiera.

   a. ¿Hay deudas que podrías abordar estratégicamente? Apúntalas:

   _____

   _____

   _____

b. ¿Existen oportunidades para hacer crecer tus activos? ¿Cuáles se te vienen a la cabeza?

_____

_____

_____

3. Toma **decisiones informadas**. La evaluación de tu patrimonio te capacita para tomar decisiones fundamentadas en hechos concretos. En lugar de basar tus elecciones en suposiciones o estimaciones vagas, estarás respaldada por datos precisos sobre tus activos, pasivos y patrimonio neto. Haz un _brainstorming_ sobre posibles planes de acción.

_____

_____

_____

4. Ahora que conoces tus números y has valorado estrategias, es hora de establecer **metas financieras realistas y alcanzables**. ¿Quieres aumentar tu patrimonio neto? ¿Deseas reducir ciertas deudas? La evaluación te permite definir metas específicas basadas en tu situación financiera actual. Apunta tus principales objetivos a continuación:

_____

_____

_____

5. **Revisa periódicamente tu balance**. La evaluación no es un evento único; es un proceso continuo, que debes convertir en hábito. Te brinda la capacidad de revisar y evaluar tu progreso a lo largo del tiempo. Observar cómo evolucionan tus activos, pasivos y patrimonio neto te permite ajustar estrategias y valorar tus logros. Te recomiendo que lo hagas al menos dos veces al año, y te animo a que te pongas un recordatorio para volver a leer esto dentro de unos meses y puedas responder a estas preguntas:

a. ¿Cómo han ido tus inversiones o ahorros?

_____

_____

_____

b. ¿Ha aumentado tu colchón de emergencias?

_____

_____

_____

c. ¿Se han reducido tus deudas?

_____

_____

_____

_____

Recuerda que la evaluación de tu patrimonio no es simplemente un número en un papel: es la brújula que te orienta en tu viaje hacia el éxito financiero. Al entender la importancia de este proceso y aplicarlo, estás tomando el control activo de tus finanzas y estableciendo las bases para un futuro financiero próspero.

4
DEUDA BUENA Y DEUDA MALA

Después de aquella tarde en el club, Manuela regresó a casa con una sensación de renovación. La experiencia de aquellas mujeres le proporcionó un espacio para respirar, para ver su vida desde una nueva perspectiva. Sin embargo, a medida que pasan los días, las decisiones pendientes van pesando sobre ella como nubarrones en un cielo azul.

La casa, con sus recuerdos entrelazados, se erige como un enigma. Manuela pasea por las habitaciones, sintiendo la dualidad de sus emociones: por un lado, el deseo de liberarse; por otro, la nostalgia que se aferraba a cada rincón. Las preguntas sobre su futuro inmobiliario resuenan en su mente como un eco constante.

Una tarde, tras días de reflexión, Manuela decide que es hora de buscar orientación. Recuerda a Ana, la asesora financiera del Club de Mujeres Empoderadas. Busca en su bolso las tarjetas de aquella tarde y allí está la suya. Le manda un discreto wasap para no abordarla telefónicamente. «Quizá ni se acuerda de mí», piensa. Minutos más tarde, recibe un afectuoso mensaje de respuesta por parte de Ana. Quedan para tomar un café al día siguiente en su despacho y ver cómo la puede ayudar a resolver todas esas dudas que le rondan la cabeza.

Con el cuaderno en la mano donde ha ido plasmando sus pensamientos, Manuela se dirige a la reunión con la esperanza de obtener claridad.

La oficina de Ana emana una sensación de calma y profesionalidad. Manuela se sienta frente a ella, desplegando el cuaderno como un mapa de sus pensamientos. Ana, con su expresión serena, la anima a compartir sus inquietudes.

La odisea de las hipotecas

—Manuela, me alegra verte. ¿Cómo has estado desde nuestra última reunión en el club?

—Ha sido un viaje, Ana. Lleno de reflexiones y preguntas que necesitan respuestas.

—Suena genial, me alegro mucho por ti. ¿Cómo crees que puedo ayudarte hoy?

—Necesito tomar decisiones sobre la casa. Es un nudo en mi vida y no sé por dónde empezar.

—¿Y qué es lo que más te preocupa del asunto?

—La casa tiene un valor sentimental enorme, pero también es una carga financiera. No sé si debería venderla, quedármela o… ¿Se te ocurre una opción intermedia?

—Como bien dices tienes dos tipos de decisiones: la económica y la sentimental. Sobre la primera podemos decidir de manera objetiva haciendo números y valorando las opciones que tienes. Para la segunda prima más el corazón y eres tú la persona que debe tomar la decisión. ¿Quieres que empecemos por la parte financiera y luego te desahogas sobre la parte emocional?

—Me parece necesario. Tener una claridad financiera me ayudaría seguro a estar más tranquila y tomar una mejor decisión.

—Básicamente, antes de nada, deberíamos valorar si es viable.

—¿Cómo? ¿A qué te refieres?

—Pues que lo primero es saber si es posible la opción de que te quedes tú sola la casa. Eso lo tendrá que decidir tu banco u otra entidad bancaria. Para ello debes de cumplir unos requisitos y, por lo que tengo entendido, hasta ahora no los has tenido en cuenta, ¿no?

Aunque Manuela todavía no sabe si quiere quedarse con la casa, la opción de perderla cae como un jarro de agua fría sobre ella. Lo cierto es que no había contemplado esa posibilidad.

—Me pillas totalmente de nuevas. Pensaba que tan solo tendría que decir que quiero quedarme con la hipoteca y empezar a pagar la totalidad de la cuota.

—Me temo que eso no será suficiente. Habrá que entregar una documentación, y la entidad bancaria hará un exhaustivo estudio sobre su viabilidad económica. En caso de ser aprobado, se suele cancelar la hipoteca actual y se abre una nueva, cambiando posiblemente las condiciones que tienes en la actualidad.

—¿Y qué documentación se necesita? ¿Cuánto tiempo tardan en decirme algo? ¿Podemos saber antes si es viable o no?

Manuela no puede evitar la batería de preguntas, nerviosa por todo el proceso de incertidumbre que se le viene encima.

—Claro que sí, aunque necesitaré que me proporciones algunos datos. En concreto, tendré que conocer tus ingresos netos anuales, si tienes cualquier tipo de deuda, si eres fija en el hospital… Con todo esto, veremos tu capacidad económica. Luego, por otro lado, necesitamos saber el valor de tu casa (sería muy conveniente si conoces el de tasación), por cuánto dinero la comprasteis y cuánto debéis en la actualidad de hipoteca.

Al procesar toda esta información, Manuela cae en la cuenta del gran desconocimiento que tiene sobre algo tan importante como es su casa y la deuda que tiene sobre ella. No es capaz de responder a casi ninguna de las preguntas que le está haciendo Ana. ¿Cómo ha podido delegar hasta ese extremo algo tan importante y tan básico?

—Me da un poco de vergüenza decirte esto, Ana, pero lo cierto es que desconozco casi la totalidad de esa información, aunque puedo hacerme con ella. ¿Lo de la hipoteca estará en mi perfil de la aplicación del banco?

—Sí. Si accedes con tus datos, en la zona de usuario te vendrán los productos contratados separados por tipos. Habrá un apartado que se llame Hipotecas, y ahí seguramente encontremos todo lo que necesitas. Por otro lado, es posible que tengas las escrituras en el correo electrónico, la gestoría debe habéroslas mandado a los dos.

—¿Será suficiente con eso?

—Pues… permíteme contarte…

Estudiar tu caso

Los bancos, antes de dar dinero, se quieren cerciorar de que el cliente es capaz de devolverlo. Nos pasaría lo mismo a nosotros si se lo prestáramos a algún amigo o conocido, ¿no?, con la diferencia de que, en su caso, la decisión es por completo racional, dejando fuera las emociones.

¿Cómo saben si somos capaces de devolverlo? Estudiándonos. Intentan recopilar la mayor cantidad de información, saber lo máximo de nosotros, desde nuestros hábitos financieros a nuestra estabilidad laboral. Para ello, no necesitan ponernos un detective privado (como seguramente haya pensado Manuela durante su conversación con Ana), ya que, sin saberlo, dejamos mucho más rastro del que imaginamos. Usando una documentación que nos solicitarán, los datos nuestros de que dispongan y lo que puedan encontrar en internet, una persona asignada del Departamento de Riesgos estudiará minuciosamente nuestro caso.

Lo primero que valorarán será nuestra **estabilidad laboral**. Para ello, tendrán en cuenta lo que hemos estudiado, cuántos años llevamos trabajando, qué tipo de trabajos hemos tenido, la duración en cada uno de ellos, así como la progresión laboral. El tipo de contrato que tienes en la actualidad pesa muchísimo a la hora de tomar la decisión. A los bancos les encantan los funcionarios, también los perfiles con contratos fijos que llevan mucho tiempo en su empresa y en los que ven una evolución positiva en su profesión. Si, por el contrario, eres una persona con ingresos irregulares, con periodos de no haber estado trabajando o llevas poco en tu compañía y aún no tienes un contrato indefinido, tus posibilidades de que te concedan una hipoteca se reducen drásticamente.

Lo siguiente que va a determinar la concesión o no son tus **hábitos financieros**. Las entidades financieras quieren personas que sean capaces de pagar sus deudas y administrar bien su salario. Te preguntarás cómo pueden saber esto, y realmente es muy sencillo: a partir de los movimientos bancarios de tu cuenta corriente de los últimos meses, que te van a pedir. Con ello van a saber cuánto ingresas exactamente y cómo distribuyes tu salario. Cuánto destinas a gastos fijos, cuánto a gastos variables, si gastas mucho en ocio... Si eres una persona ahorradora, si te has preocupado e interesado por contratar algún producto financiero para hacer crecer tu patrimonio o si por el contrario eres de las que llega justa a final de mes.

Tu cuenta corriente es el reflejo de cómo te relacionas con el dinero. Ni que decir tiene que cualquier impago servirá para descartarte casi de inmediato. Para saberlo, solicitarán información a los diferentes ficheros de morosos.

 Tu cuenta corriente es el reflejo de cómo te relacionas con el dinero.

Manuela está asombrada con tanta información. Nunca se había parado a pensar que una acción tan común como la de pasar nuestra tarjeta por un lector para hacer una compra dice tanto de nosotros.

—Por último, otra de las cosas importantísimas que valorarán será tu capacidad de endeudamiento.

—¿Eso qué es?

—Es muy sencillo, Manuela. Si tú destinaras más de la mitad de tu salario a una hipoteca, ¿tendrías dinero para comer todos los días, echarle gasolina al coche, pagar el seguro, los suministros de tu casa, vestirte… y encima guardar un poquito para posibles imprevistos? Rotundamente no. Por eso, es muy importante que la suma de todas las deudas que tengamos, bien sea la hipoteca, el préstamo del coche o cualquier otro préstamo, no supere un porcentaje de nuestros ingresos. El ratio más común que tienen establecido las entidades bancarias es del 35 por ciento aproximadamente. Entienden que si tus deudas superan este porcentaje de tus ingresos, en algún momento podrías tener serios problemas para pagarlas y estarías en una situación de estrés financiero.

—Ana, muchísimas gracias por tanta información. Estoy aprendiendo mucho con esto que me dices. Me parece algo tan básico que lo debería saber desde incluso antes de la firma de mi primera hipoteca. ¿Me podrías ayudar con mis números para ver si yo cumplo estos criterios?

—Claro. Este es el siguiente paso. Por cierto, se me olvidó una cosa importante. Imagino que sabrás que los bancos no conceden el cien por cien del valor de compra de una vivienda, por lo que siempre hay que tener ahorros. El porcentaje que te cubrirá dependerá de varios factores: tu poder adquisitivo, tu trabajo, la estabilidad que tengas en él, lo que venimos hablando. Y además de esto, será necesario cubrir los gastos hipotecarios. Los más importantes y costosos son el impuesto de transmisiones patrimoniales (conocido como ITP) o el IVA y todos los gastos de gestoría y notariales que lleva el proceso.

—Guau, pues no, no tenía ni idea. Daniel y yo hemos tenido buenos sueldos y siempre hemos tenido ahorros en la cuenta, aunque no sé muy bien las cantidades que aportamos en su momento. Recuerdo que tuve que hacer alguna transferencia, pero poco más.

—Pues si te parece, ahora que ya te lo he explicado todo, vamos a ello. Verlo con el ejemplo numérico de tu casa te servirá para afianzar los conocimientos teóricos que te acabo de explicar. ¿Estás preparada?

—Los números nunca fueron lo mío, pero siempre hay una primera vez.

—¿Cuáles son tus ingresos netos anuales aproximadamente? Para saberlo con exactitud nos tendríamos que ir a tu renta. Este es el dato que tu banco va a tomar como referencia. En tu caso está muy claro porque tienes una plaza asignada en el hospital, pero hay ciertos tipos de trabajo que en algún caso cobran propinas u otro tipo de incentivos sin estar reflejados en la nómina. También podría suceder que hubiera algún autónomo que no declarara el cien por cien de sus ingresos. En estos casos solo se va a tomar como referencia aquello que se haya declarado.

—Tengo la renta en el correo, espera, que lo miramos.

Manuela decide tomárselo como un juego. A Ana le encanta verla así, sin tanto miedo y con gestos mucho más distendidos a los del inicio de la conversación o al día que la vio por primera vez en el club.

¿Qué necesitas para adquirir una hipoteca?

Detengámonos por un momento y recapitulemos. ¿Te acuerdas de Emilio, el compañero de trabajo de Manuela que lleva viviendo de alquiler toda la vida y que contempla la compra de una casa como una posibilidad de inversión? Me atrevería a decir que lo primero que necesitamos para adquirir una hipoteca es **tener claro por qué lo hacemos**.

Manuela estaba muy segura de que su relación duraría para toda la vida y, ya ves, ahora se ve en una situación que ni quería ni había anticipado. Y son innumerables los casos parecidos: ocurre con relaciones afianzadas, sí, y también con muchas otras más cortas e inestables que la suya.

Así que, aunque todos los motivos tengan sentido, detente un momento a pensar bien las cosas. A veces, un momento perdido es en realidad un momento ganado. Una vez que las tengas pensadas, ten en cuenta lo siguiente:

1. Debes tener una **estabilidad laboral**, de preferencia un contrato indefinido o con una larga duración.
2. Tu **capacidad de ahorro** es importante, esencial tener ahorrado entre el 20 y el 30 por ciento del valor de compra de la vivienda.
3. Finalmente, ten en cuenta tu **ratio de endeudamiento**: la suma de todas tus deudas no puede superar el 35 por ciento de tus ingresos.

—Mi salario anual neto del año pasado fue de 39.540 euros.

—Vale. Si esto lo dividimos entre doce meses, quiere decir que de media ganaste 3.295 euros mensuales. ¿Y cuánto pagáis de hipoteca al mes?

—957 euros.

—¿Y es a tipo fijo o variable? Y en caso de ser variable, ¿sabes cuál es el diferencial?

Ana mira a Manuela y eso fue suficiente respuesta. Su cara de no entender nada habla por sí sola. Ana esboza una sonrisa y le toca la mano como gesto de comprensión.

—Estate totalmente tranquila. Si tú me hablaras con tecnicismos de médico el primer día te garantizo que pensaría que me hablas en otro idioma. Discúlpame a mí por no explicártelo antes de preguntar. Las hipotecas se pueden contratar a tipo fijo o variable. Comencemos por el tipo fijo. Cuando optas por una tasa de interés fija, significa que el interés que pagas se mantiene constante durante toda la vida del préstamo.

—¿Eso significa que siempre pagaré la misma cantidad?

—Exacto. La estabilidad es la principal ventaja. Sabrás exactamente cuánto pagas cada mes, lo cual puede ser útil para planificar tu presupuesto. Pero también tiene sus desventajas.

—¿Cuáles son?

—La desventaja es que, inicialmente, las tasas fijas suelen ser más altas que las tasas variables. Además, si las tasas de interés bajan en el mercado, no te beneficiarías de esa reducción.

—Así que es como estar atada a un precio, ¿verdad?

—Sí, exactamente. Ahora, hablemos de las tasas variables. Con una tasa variable, el interés puede cambiar durante la vida del préstamo.

—¿Eso no es arriesgado?

—Tiene sus riesgos, pero también sus beneficios. La principal ventaja es que, si las tasas de interés bajan, también bajará tu tasa de pago mensual.

—Pero ¿y si las tasas suben?

—Esa es la desventaja. Si las tasas suben, tu pago mensual también lo hará. Sin embargo, muchas hipotecas variables tienen límites para evitar aumentos excesivos.

—Entiendo. Así que, con una tasa variable, puedo beneficiarme de tasas más bajas, pero también correr el riesgo de que suban.

—Exactamente. Ahora, algunas hipotecas ofrecen opciones mixtas, donde puedes tener una tasa fija por un tiempo y luego convertirla en variable.

—Eso suena interesante. ¿Cómo decido cuál es la mejor opción para mí? Además de saber lo que tengo contratado actualmente.

—Depende de tus circunstancias y de tu tolerancia al riesgo. Si prefieres la estabilidad y planeas quedarte en la casa a largo plazo, el tipo fijo podría ser una buena opción.

—¿Y si estoy dispuesta a asumir cierto riesgo a cambio de posiblemente pagar menos?

—En ese caso, podrías considerar un interés variable. Pero siempre es importante pensar en tu capacidad adquisitiva para estar segura de que puedes pagar tu cuota en caso de que el interés suba.

—Entiendo mejor ahora. ¿Cómo afecta esto a la cantidad total que pagaré por la casa?

—Buena pregunta. La tasa de interés afecta directamente a tu pago mensual y al coste total del préstamo a lo largo del tiempo. Mira en las escrituras de la hipoteca y ahí te vendrá detallado tu tipo de interés.

—Mmm…, creo que viene aquí. Dice que es a 2,2 por ciento fijo sujeto a bonificaciones. ¿De qué dependen?

—Pues también te lo tiene que especificar más adelante. Normalmente, te beneficiarás si contratas ciertos productos de protección personal y patrimonial (seguros de vida y del hogar) o algún producto financiero con ellos. Como ya sabemos la cuota que pagas, con esta información podemos verificar que no ha variado durante estos cuatro años, a no ser que hayáis movido alguno de los productos bonificados en caso de tenerlo... Todo esto quiere decir que si tú asumieras el cien por cien de la cuota en las mismas condiciones actuales, tu ratio de endeudamiento estaría por debajo del 35 por ciento. ¿Tienes algún otro préstamo?

—No. El coche ya lo terminé de pagar el año pasado. No tengo ni tan siquiera tarjeta de crédito.

—Genial. Ahora vamos a calcular cuánto dinero le tendrías que pagar a tu ex. Entiendo que debéis llegar a un acuerdo sobre el valor de la casa. Puede ser por el dinero que os costó o por otro diferente. ¿Habéis hablado sobre esto?

—Está mi abogada con ello. Lo último que habían acordado era que Daniel no quería ningún perjuicio más para mí después de todo lo que había pasado y mantendríamos el valor por el cual la compramos en caso de que yo me la quisiera quedar. Espero que mantenga esa idea hasta que firmemos el acuerdo de divorcio, pero para ello debo tener esto claro y saber que cuento con el respaldo del banco.

—Estupendo. Eso es una gran noticia para ti, ya que en ese caso tu casa se tasará hoy en día por un valor superior al que la vas a comprar (que fue el valor de hace cinco años). Los precios en este periodo han subido considerablemente, así que Daniel se ha portado ahí muy bien contigo. Vamos a calcular entonces cuánto dinero le tendrías que dar. Voy a necesitar los siguientes datos, por si los quieres ir mirando: cuánto os costó la casa, cuánta aportación hicisteis cada uno para la compra y cuántos meses exactos lleváis pagando la hipoteca. ¿La cuota mensual la sabes? Si tienes ahí una copia de las escrituras de la hipoteca, al final del todo te vendrá una hoja que se llama «provisión de fondos». Es un desglose de todos los gastos y cómo se realizan los pagos.

—Ufff, ¡cuántas cosas nuevas! Creo que puede ser esta, ¿no?

—Sí, efectivamente.

—En primer lugar, la casa nos costó 325.000 euros. Y sí, lo hicimos todo al 50 por ciento. Aquí en esta tabla pone que pusimos una aportación inicial de 48.750 euros y los gastos ascendieron a 26.000 euros. Hace cuatro años y dos meses que la compramos.

—Es decir, que si sumamos, hace un total de 74.750 euros, lo que supone una aportación individual de 37.375 cada uno. Por otro lado, debemos sumar todas las cuotas de esos cincuenta meses que lleváis pagando…

Manuela contempla a Ana con admiración y agradecimiento por compartirle todo aquello de forma tan sencilla. Piensa que si su labor como doctora es vital para la sociedad, la de Ana como asesora financiera no lo es menos. Si hubiera acudido a ella o a algún profesional similar antes de firmar su hipoteca o, incluso, cuando empezó a trabajar, su situación financiera sería muy distinta, y con ella, su tranquilidad y paz emocional.

Ana sigue inmersa tecleando en su calculadora y apuntándolo todo de forma esquemática en un folio, con letra bonita y legible.

—Las aportaciones totales a vuestra hipoteca han sido de 47.850 euros. ¿Puedes meterte en la intranet de vuestra entidad bancaria para corroborarlo? Si no habéis hecho ninguna amortización parcial, hoy en día debéis tener una deuda de 228.391 euros aproximadamente.

—Guau. Lo has clavado Ana.

—Pues llegadas a este punto, ya sabemos que en caso de que te quieras quedar con la casa, a Daniel le tendrías que pagar unos 61.300 euros. Si pidieras una nueva hipoteca, tendríamos que sumar esta cantidad a lo que se debe actualmente…, es decir, 289.691 euros. Si conseguimos que te tasen la casa en 370.000 euros, necesitarías pedir menos del 80 por ciento del valor de tasación, por lo que estaríamos en rango. Me voy a meter en esta calculadora hipotecaria para ver cómo se quedaría la cuota mensual y cerciorarnos de que no superas el ratio de endeudamiento que te comenté antes. Si te parece, vamos a suponer el mismo tipo de interés. Entiendo, por lo poco que te conozco, que prefieres interés fijo, ¿no? ¿O ahora que estás empezando a entender un poco más del tema te vas a volver más atrevida?

Una risa cómplice entre ambas resuena en la estancia. Manuela sabe en aquel momento que el destino le deparaba conocer a Ana, que por eso fue aquel día al club. Tenerla allí delante, explicándole cada punto tan minuciosamente, pero con sencillez y amabilidad, es un regalo.

—Gracias por todo lo que estás haciendo por mí, Ana —murmura Manuela con los ojos vidriosos—. Entiendo que para ti este es tu trabajo y es tu pan de cada día. Pero para personas como yo, que hemos estado en una burbuja de la cual salimos de manera tan violenta, contar con profesionales como tú genera una tranquilidad increíble.

—No me tienes que dar las gracias. Estoy segura de que les das a tus pacientes el mismo trato y cariño. Si dentro de todo lo aburrido que pueden resultar los números os puedo sacar una sonrisa, yo feliz. —En ese momento, baja la mirada y le muestra a Manuela el folio sobre el que ha estado trabajando—. Te cuento lo que me ha salido por aquí:

Cantidad solicitada: 289.691 euros
Plazo: 30 años (estarías hasta tu jubilación).
Interés fijo del 2,2 por ciento.

»Tendrías que pagar 1.098,82 euros mensuales.

—Entonces *a priori* podría, ¿no?

—¡Sí, querida! Enhorabuena. Tienes la libertad de poder decidir. Quedaría elaborar todo el trámite y la última palabra siempre la van a tener las entidades bancarias, pero, por ratios y números, el puesto de trabajo que tienes y tu salario, todo apunta a tu favor...

—Casi prefería no poder hacerla. Así no tendría que decidir.

Manuela suelta una carcajada. Ana la mira con satisfacción. Parece una persona distinta de la que ha entrado por la puerta hace un par de horas. Ni que decir de la mujer insegura y asustada que hablaba tímidamente el primer día en el club.

—¿Te puedo hacer una pregunta algo más personal?

—Claro que sí. Somos personas antes que cualquier otra cosa.

—Si estuvieras en mi situación..., ¿qué harías?

—Intuía que irían por ahí los tiros. Decirte qué hacer es complicado porque solo tú sabes lo que quieres, cuáles son tus sentimientos, tus vivencias y, sobre todo, qué deseas para tu futuro. Y si no lo sabes, aquí estoy yo para ayudarte. Pero lo que sí puedo hacer es guiarte para que tú sola llegues a la conclusión que sea más afín a ti. Antes de nada, debes saber que no hay decisión correcta o incorrecta. Lo que decidas estará bien.

—¿En serio lo crees?

—Por supuesto. En la vida no existe ningún libro de normas, más allá del código penal, que nos indique lo correcto y lo incorrecto. Lo único que debes hacer es mirar dentro de ti. Liberarte de todos esos prejuicios y patrones en los que has estado sin saberlo envuelta hasta ahora. En definitiva, tomar de-ci-sio-nes. Decisiones que resuenen contigo. Que tengan coherencia con quién eres y lo que esperas de tu futuro. Que vayan alineadas con tu forma de pensar y de ser.

—Aunque parezca evidente lo de tomar decisiones, a mis treinta y siete años es algo que no he hecho con mucha frecuencia, aunque yo creía que sí. Mi padre decidió por mí muchísimas cosas de mi infancia, adolescencia, incluso sobre qué debería estudiar. Siempre me decía que su hija debía ser una reputada doctora. Lo primero no sé si lo conseguiré algún día, pero lo de doctora lo absorbí como un dogma y en ningún momento lo cuestioné. Lo cierto es que lo convertí en mi forma de vida y me siento satisfecha con el trabajo que hago. Nunca me he vuelto a preguntar qué quiero ser de mayor. En el momento en que conocí a Daniel y la relación se formalizó, él tomó las riendas de las grandes decisiones que nos atañían como pareja: cuándo casarnos, dónde, cuándo comprarnos la casa, qué tipo de casa, el lugar, las vacaciones… Al principio, era un alivio. Pensaba que estaba delegando responsabilidades, pero ahora veo que también estaba evitando enfrentar mis propios miedos.

—¿Cuáles son esos miedos?

—El dinero siempre ha sido un tema delicado en mi familia. Mis padres discutían constantemente por él. Siempre asocié el dinero con conflictos y problemas.

—Te entiendo. Pero ahora eres una mujer de treinta y siete años. Una gran profesional que supo labrarse un futuro. Una mujer capaz de ganar un sueldo cada mes, y no un sueldo cualquiera. Una persona con ganas de mejorar, de ser su mejor versión. Has necesitado todo esto para que la vida te enseñe que eres autosuficiente. Que puedes caminar, reír y ser feliz sola. Haz de tus mayores errores tus mejores maestros. Si lo consigues, todas estas experiencias habrán merecido la pena y tendrán sentido. Recuerda que la vida es causal y no casual, y que una de las leyes por las que estamos regidos es la de causa y efecto.

—¿A qué te refieres con lo de causal y casual?

—Nada de lo que nos sucede en la vida es casualidad. Cada persona que conocemos es un actor o actriz que viene a enseñarnos algo. Cada experiencia es un aprendizaje. Si conseguimos darnos cuenta y asimilarlo, es como si nos hubiéramos pasado ese capítulo y viniera el siguiente. Si no, la vida nos lo repetirá una y otra vez hasta que aprendamos la lección.

—Qué interesante. ¿Crees que la vida es algo así como un videojuego?

—Podría ser algo parecido. Si a ti te sirve para entenderlo, fenomenal. Indaga en ti. Descubre por qué has actuado como lo has hecho en vez de culpar al mundo, responsabilizar a tus padres o a Daniel. Al fin y al cabo, decidir no hacer nada también es una decisión.

—No lo había visto de esta manera. Pero tienes razón. Siempre elegimos. Hasta cuando no lo hacemos.

El poder del activo y del pasivo

—Déjame que te cuente alguna cosa sobre el tema de tu casa que creo que te puede ayudar para reflexionar sobre lo que quieres y lo que no. En primer lugar, ¿has pensado en tus metas a medio y largo plazo?, ¿en cómo esta elección encaja con la visión que tienes para tu vida? Me refiero a… ¿Te gustaría vivir toda tu vida en Madrid o tienes idea de irte a otra ciudad o incluso otro país? A si te gustaría formar una familia y esta casa cumple con esos requisitos. A si te gustaría vivir más en el extrarradio… Llevas mucho tiempo viviendo en piloto automático y es el momento de que te des cuenta de que tienes muchas páginas en blanco para escribir. Quizá por primera vez te puedes preguntar: ¿qué me apetece?

Ya no tienes que cumplir los requisitos o satisfacer los gustos de tus padres o una pareja.

—Siempre pensé en vivir a las afueras. Me encantaría tener un chalet, con chimenea y unas amplias escaleras. Con grandes ventanales en los que entrara mucha luz. Y tener animales. Me encantan los perros.

—Eso suena maravilloso.

—Pero si voy justa con un piso de dos habitaciones…, no me quiero imaginar con un chalet… Creo que es algo que se me va.

—Eso depende, Manuela.

—¿Depende? ¿Crees que una persona sola con mi salario podría tener un chalet?

—Claro que depende. Tú estás acostumbrada a trabajar, ganar dinero y con eso pagar y cubrir tus necesidades. ¿Sabes que el dinero también puede trabajar para ti?

—Nunca me he planteado tener empleados. Y menos al dinero. Recuerda que nunca fuimos muy buenos amigos.

Se miran la una a la otra y sueltan una carcajada.

—Es el momento de que esto cambie. ¿Conoces la diferencia entre activo y pasivo?

—Sí, claro, ya hablamos de ello el otro día.

—Muy bien. En términos simples, y recapitulando, un activo es algo que pone dinero en tu bolsillo, mientras que un pasivo es algo que lo saca. ¿Crees que tienes activos en tu vida actualmente?

¿Cuál es tu patrimonio neto?

Permíteme que nos detengamos aquí para hacerte la misma pregunta que Ana le lanza a Manuela, porque la respuesta es determinante a la hora de tomar tus decisiones. ¿Tienes claro qué parte de las posesiones que te rodean y de tus obligaciones financieras son activos y cuáles son pasivos?

Aquí tienes un pequeño recordatorio:

- **Activo:** cualquier recurso o propiedad que posees y que tiene un valor económico. Ejemplos de activos: propiedades inmobiliarias, un automóvil, inversiones (acciones, bonos, cuentas de ahorro), joyas u otros objetos de valor.
- **Pasivo:** cualquier deuda u obligación financiera que tienes que pagar en el futuro. Ejemplos de pasivos: préstamos personales, hipotecas, préstamos de automóviles, tarjetas de crédito y otras deudas personales.

Visto esto, comprobarás que en realidad la fórmula para calcular tu patrimonio neto es muy sencilla:

ACTIVO – PASIVO = PATRIMONIO FINANCIERO NETO

Debes recordar que un activo es algo que pone dinero en tu bolsillo, mientras que un pasivo es algo que lo saca, así que ten muy presentes ambos a la hora de calcular tu situación. Y además:

 Cada vez que te endeudes, pregúntate si va a salir más de lo que entra.

—Bueno, mi salario como doctora podría considerarse un activo, ¿verdad?

—Exacto. Tu salario es un activo porque te proporciona ingresos. ¿Y qué hay de pasivos?

—Supongo que mis gastos mensuales, como la hipoteca y las facturas, serían pasivos.

—Correcto. Los pasivos son obligaciones financieras, cosas que te cuestan dinero. Ahora, hablemos de tu casa. ¿Cómo la clasificarías, como un activo o un pasivo?

—Supongo que como un activo. Es una inversión a largo plazo, ¿no?

—Es lo que mucha gente asume, pero quiero que pienses en cómo usas tu casa. ¿Te está generando ingresos?

—No directamente. Es donde vivo.

—Entonces, en términos financieros, tu casa podría considerarse más un pasivo. Es algo que te cuesta dinero en impuestos, mantenimiento y pagos de hipoteca.

—Eso suena negativo.

—No necesariamente. Puede ser un pasivo si no estás

obteniendo ingresos directos de él. Pero hay formas de convertir tu casa en un activo.

—¿Cómo?

—Alquilar habitaciones, convertirla en un espacio de trabajo o incluso alquilarla temporalmente. Bien por fines de semana o estancias cortas a través de alguna plataforma que se dedique a ello o durante unos meses si quisieras vivir en otro sitio. De esa manera, tu casa estaría generando ingresos. Y en función de lo que elijas, podría ser posible que esos ingresos hicieran que se pagase la hipoteca y todos los gastos relacionados con ella, y tuvieras unos beneficios que podrías ahorrar e invertir para generar más y hacer dentro de unos años esa inversión en la casa de tus sueños. O que ese extra te ayudara a pagar el alquiler de esa casa en la sierra donde te gustaría vivir, pero que no estás segura de comprarte.

—Nunca había pensado en eso. Me abres un mundo completamente nuevo.

—Es una perspectiva diferente. Nos educan para que vivamos en un sistema con unos cánones que nos marca la sociedad. Por lo general, cumples los requisitos si... estudias, trabajas, tienes pareja, te compras una casa y luego tienes hijos... Nadie nos enseña que quizá lo más inteligente a nivel financiero es invertir en una casa para obtener ingresos extras y luego poder acceder a la casa que verdaderamente quieres, por ejemplo. ¿Alguna vez has considerado cómo podrías maximizar el potencial financiero de tu casa?

—No, siempre la vi como un lugar para vivir, no como algo que pudiera generar dinero.

—Es normal que no lo hayas hecho hasta ahora. Pero, como doctora, podrías tener oportunidades únicas para utilizar tu casa de maneras creativas. Por ejemplo, ofrecer consultas médicas privadas desde casa. Habilitar un espacio donde veas a pacientes o incluso alquilar por horas ese espacio para que otros compañeros pudieran ver a los suyos.

—Eso suena interesante, pero también complicado.

—No tiene por qué ser complicado. Con la planificación adecuada, podrías convertir tu casa en un activo que contribuya a tu flujo de ingresos. Todo depende de lo que te quieras involucrar y de las ganas que le pongas.

—Nunca lo había considerado de esa manera. Siempre vi mi casa como un gasto necesario.

—Y es normal, muchas personas lo hacen. Pero cambiar esa mentalidad puede marcar la diferencia en tus finanzas.

—¿Cómo puedo empezar a hacer eso?

—Primero, identifica áreas de tu casa que podrían tener usos adicionales. Luego, investiga las regulaciones y oportunidades en tu área. Puedes comenzar poco a poco y ver cómo se desarrolla.

—Es un cambio de perspectiva importante. Nunca había pensado en mi casa de esa manera.

—A veces, solo se necesita un cambio en la forma de pensar para transformar un pasivo en un activo. Esa es la belleza de la educación financiera. Abre nuevas puertas y posibilidades.

—Gracias por ayudarme a ver esto desde una perspectiva diferente.

—Estoy aquí para eso. Ahora, piensa en cómo podrías aplicar esto a tu situación específica.

Manuela y Ana continúan la conversación, explorando más formas de transformar la casa de Manuela de un pasivo a un activo, y cómo esta nueva perspectiva podría afectar positivamente a sus finanzas.

La deuda buena y la deuda mala

—Antes de que te vayas me gustaría explicarte un último concepto que está muy relacionado con esto que acabamos de hablar: la deuda buena y la deuda mala.

—Creo que a estas alturas no te pilla por sorpresa que sea la primera vez que oigo estos términos. No sabía que había deuda buena y mala.

—En términos simples, la deuda buena es aquella que te ayuda a construir riqueza o activos, mientras que la deuda mala es aquella que te lleva a gastar más de lo que puedes permitirte.

—¿Me podrías poner algún ejemplo práctico para que lo entienda mejor?

—Claro. La deuda buena podría ser pedir una hipoteca para comprar una casa que aumentará su valor con el tiempo o para invertir en tu educación, ya que así crecerán tus oportunidades profesionales.

—Eso tiene sentido, pero ¿y la deuda mala?

—La deuda mala sería, por ejemplo, usar una tarjeta de crédito para comprar cosas que no necesitas y que no generan valor con el tiempo. También podría ser tener un préstamo con tasas de interés muy altas. Si te llevas un consejo de aquí, que sea este:

Nunca financies ni pagues a plazos un estilo de vida que no te puedes permitir hoy.

—Entendido, pero ¿cómo aplico esto a mi situación con la casa?

—Buena pregunta. En función de la utilidad que le des a tu casa, viendo todos los posibles casos que acabamos de hablar, tu deuda será buena o mala. La clave es no endeudarte por gastos innecesarios o cosas que no generan valor. Si tienes que pedir un préstamo, asegúrate de que sea para algo que contribuya a tu bienestar financiero a largo plazo.

—¿Cómo puedo discernir entre una deuda buena y una mala en situaciones más complejas?

—Excelente pregunta. Antes de endeudarte, pregúntate a ti misma: ¿esto me ayudará a construir riqueza o es simplemente un deseo momentáneo?

—Eso parece una buena regla general. Pero ¿y si ya tengo deuda?

—Si ya tienes deuda, evalúa su propósito. Si es para algo que sigue generando valor, está bien. Pero si es para gastos superfluos, podría ser el momento de replantear tu enfoque financiero.

—Esto es mucha información para procesar. ¿Cómo puedo aplicar todo esto a mi situación actual?

—Primero, revisa tu deuda actual y su propósito. En tu caso particular, es tu casa. Luego, considera formas de convertir tu casa en un activo. Si puedes hacerlo, parte de la deuda podría considerarse buena.

—¿Y si no puedo convertir mi casa en un activo?

—Entonces, enfócate en asegurarte de que cualquier deuda futura esté alineada con tus metas financieras a largo plazo. Si no es así, podrías estar entrando en territorio de deuda mala.

—¿Hay algo más que debería saber sobre este tema?

—Creo que por hoy has tenido suficiente, ¿no te parece?

Al rato, se despiden con un afectuoso y agradecido abrazo.

—Gracias por el día de hoy, Ana. Me has abierto un mundo de posibilidades.

—Gracias a ti por tu valentía. Tienes muchas opciones y eso es algo maravilloso. Intenta relajarte unos días. Valora lo que quieres en ese medio y largo plazo y toma decisiones hoy que te acerquen a esos lugares. Nos vemos muy pronto, y para cualquier cosa que necesites estoy a una llamada de distancia.

Después de la reveladora conversación con Ana, Manuela camina por las calles de la ciudad con una sensación renovada. Se da cuenta de que su vida no es simplemente una serie de eventos predeterminados. Hay opciones, oportunidades y la capacidad de moldear su futuro de maneras que nunca había considerado.

Mientras observa el ajetreo de la ciudad, Manuela se siente liberada de las cadenas invisibles que la han mantenido atada a las expectativas de otros. No todo es blanco o negro; hay matices de gris que puede explorar para encontrar su propio camino.

El cambio en su perspectiva le permite ver ahora su casa no solo como un lugar para vivir, sino como un espacio con potencial financiero. La idea de convertirla en un activo, en lugar de solo un pasivo, le da una sensación de empoderamiento.

En lugar de sentirse abrumada por la situación financiera y las decisiones que se avecinaban, Manuela se ve fortalecida por la idea de tomar el control de su destino. Se da cuenta de que puede ser la arquitecta de su propia vida.

Con cada paso, Manuela deja atrás la inseguridad que ha plagado sus decisiones anteriores. Ahora, se enfrenta al futuro con una confianza renovada y una determinación de tomar decisiones informadas y conscientes.

A medida que cruza una plaza concurrida, los recuerdos de las discusiones financieras de sus padres ya no la atormentan. Comprendió que esas experiencias no tenían por qué definirla ni dictar sus elecciones.

La ciudad se extiende ante ella como un lienzo lleno de posibilidades. Manuela se da cuenta de que ya no la lastran ni las expectativas de otros ni las creencias limitantes que ha arrastrado desde su infancia. Ahora puede escribir su propia historia.

El sol comienza a ponerse, arrojando tonos cálidos sobre los edificios altos. Manuela se detiene y toma aire profundamente. Se siente viva, segura y lista para abrazar el cambio.

Al mirar hacia el horizonte, Manuela sabe que su vida está en una encrucijada, pero esta vez va armada con conocimiento y una perspectiva transformada. El futuro ya no es una carga pesada, sino una tierra de oportunidades que está decidida a explorar.

Recopilemos:

1. La **deuda buena** es aquella que nos ayuda a generar riqueza, es decir, los préstamos o créditos utilizados para invertir en activos que tienen el potencial de aumentar nuestra riqueza a largo plazo o mejorar nuestra situación financiera.

2. La **deuda mala** es aquella que nos hace aumentar el pasivo y nos empobrece. Algunos ejemplos prácticos de deuda mala serían los préstamos para vacaciones, compras impulsivas con tarjetas de crédito o préstamos para financiar un estilo de vida más allá de tus medios. Cuanta más deuda mala acumules, mayor será tu estrés financiero y tu riesgo de llegar a tener problemas económicos.

TIPS FINANCIEROS

Esta vez, te dejo descansar. No hace falta que hagas nada más que doblar la esquina de esta página (si eres de las que tolera hacerlo con sus libros) para que no se te olviden estos consejos que te doy a continuación. Recuerda: una buena salud financiera reside en:

+ (Aumentar) activos
- (Reducir) pasivos

1. Una forma práctica y sencilla de aumentar tus activos es destinar una cierta cantidad de tu salario al ahorro.
2. No te endeudes para caprichos de gratificación instantánea, sino para comprar activos que te generen una rentabilidad.
3. Crea estrategias financieras para amortizar tus deudas malas antes y pagar menos intereses.
4. No uses tarjetas de crédito salvo para emergencias.
5. Plantéate cómo puedes rentabilizar tus activos y sacarles el mayor rendimiento.
6. Aumentar tu deuda mala aumentará tu ratio de endeudamiento y te quitará solvencia para poder adquirir una deuda buena.
7. No tengas prisa por pagar tu deuda buena si la estás rentabilizando, ya que se pagará sola. Cuantos más

años la tengas, menor será la cuota y mayor el beneficio económico que te genera.

8. Utiliza el beneficio económico de tu deuda buena
para reinvertirlo en otros activos, no para aumentar tu
nivel de vida.

9. Si acumulas mucha deuda mala, los bancos se pueden
aprovechar de esa situación para aumentarte las tasas
de interés o los seguros vinculados a los préstamos.
Cuidado si te proponen una reunificación de deudas
porque a veces acabas pagando más.

5
PRESUPUESTO
Y ORGANIZACIÓN

Los días posteriores a la cita con Ana, Manuela no solo ve ante sí un panorama financiero más claro, sino que también se siente lista para embarcarse en la fase siguiente: la toma de decisiones basada en una comprensión profunda de sí misma y de lo que realmente quiere de su hogar y su futuro financiero. La casa, antes solo una propiedad, se convertiría en el lienzo donde pintaría sus metas y aspiraciones.

Esos días se despierta de otra manera. Cuando suena el ligero tintineo del despertador, extiende la mano y lo detiene. Tras ese silencio repentino, solo se escucha cómo la mañana va desperezándose mientras la luz del amanecer se filtra por las cortinas. Manuela se incorpora en la cama con una sonrisa. En esta ocasión, un cosquilleo recorre su cuerpo: ¡hoy es el día del encuentro con el Club de Mujeres Empoderadas! Manuela se mueve con energía, sintiendo la anticipación crecer con cada paso que la lleva hacia el baño. El agua de la ducha despierta cada célula de su cuerpo. La idea de compartir experiencias, aprender y crecer junto a otras mujeres empoderadas la llena de emoción.

Manuela elige cuidadosamente su atuendo, quiere reflejar su entusiasmo. Se mira en el espejo, ajusta un detalle aquí y allá, y sonríe a la persona que la mira de vuelta. Hoy no siente que esté siguiendo su rutina; hoy es un día para conectarse e inspirarse. Cada uno de sus pasos resuena con la emoción de compartir, aprender y crecer. Mientras prepara su desayuno, su mente ya está tejiendo conversaciones y creando lazos con las mujeres que pronto encontrará.

El aroma del café recién hecho llena la cocina, mezclándose con la expectación que flota en el aire. La tarde promete ser especial, llena de historias compartidas y una camaradería que solo un grupo de mujeres empoderadas puede brindar.

Manuela, lista para sumergirse en la jornada, se encamina hacia la puerta con la certeza de que este encuentro con el Club de Mujeres Empoderadas será un capítulo más en su viaje hacia la plenitud y el crecimiento personal. Esta vez va a tener lugar en la casa de Lucía, un precioso chalet a las afueras de Madrid.

Al entrar, Manuela se encuentra rodeada de risas y charlas animadas. La atmósfera está cargada de expectación, ya que Ana, la asesora, les ha prometido darles unos tips que van a revolucionar su vida financiera. Lucía, la anfitriona entusiasta, les da la bienvenida.

—Queridas, estoy emocionada por este segundo encuentro. Hoy contamos con la colaboración de Ana, nuestra invitada especial, para guiarnos en el mundo financiero.

Las mujeres se acomodan en los sillones de aquel salón decorado con gusto. Ana, con una sonrisa cálida, se pone de pie para comenzar la charla.

—Gracias, Lucía. Estoy encantada de estar aquí. Hoy trataremos temas que le pueden dar un giro positivo de 180 grados a la gestión de vuestras finanzas personales. ¿Estáis listas para convertir las finanzas en una aliada poderosa en vuestras vidas?

Las mujeres asienten con entusiasmo, conscientes de la importancia de tomar las riendas de sus propias finanzas.

—Vamos a empezar con algo fundamental: organizar el salario mensual. ¿Cómo distribuís actualmente vuestros ingresos? ¿Cuántas de vosotras habéis sentido que el dinero se escurre entre los dedos?

Una sonrisa cómplice se extiende entre las presentes.

—Venga, empiezo yo —dice Isabel—. Siempre he tenido problemas para mantenerme al día con mis gastos.

A veces, al final del mes, me encuentro preguntándome a dónde se ha ido todo mi dinero.

—Lo entiendo, Isabel. Es un desafío común. ¿Alguien más se ha sentido así?

—Sí —comenta Martina—, y últimamente me he sentido abrumada. Por fin me he puesto metas financieras, pero siento que me cuesta seguirlas.

—Eso es totalmente comprensible. Vamos a trabajar juntas para hacer que esas metas sean alcanzables. ¿Otras experiencias que queráis compartir?

—Ana —Manuela, por fin, se anima a alzar la voz—, después de nuestra última charla, he estado reflexionando mucho sobre mis metas financieras. Decidí que quiero ahorrar para un viaje que siempre he querido hacer. ¿Alguna tiene consejos sobre cómo organizar un presupuesto para ahorrar?

—¡Fantástico, Manuela! Ahorrar para un objetivo específico es una estrategia muy efectiva. ¿Alguien más ha tenido éxito con esto?

—Sí, yo he estado ahorrando para un curso que quiero hacer. Creé una cuenta separada y asigno una parte de mi salario cada mes. Me ayuda a mantenerme enfocada.

—¡Eso suena genial, Clara! Separar las metas de ahorro puede hacer que sea más fácil visualizar el progreso. ¿Alguna más quiere compartir sus estrategias o desafíos?

—Yo siempre siento que no tengo suficiente para

ahorrar —comenta Carla—. Mis gastos básicos son altos y me preocupa no tener un colchón financiero.

—Esa es una preocupación válida, Carla. Vamos a explorar formas de ajustar y optimizar tus gastos para liberar algo de espacio para el ahorro. ¿Alguna más se ha sentido así?

—Sí, también tengo esa preocupación —dice Marta—. Pero creo que no estoy aprovechando al máximo mi salario. Necesito aprender a priorizar mejor.

—Efectivamente, priorizar es clave. Todas habéis presentado desafíos interesantes, vamos a sumergirnos en ellos juntas y a encontrar soluciones. Crear un presupuesto es esencial. Pensad en él como un mapa que os guiará hacia vuestras metas financieras. Primero, identifiquemos los ingresos mensuales. ¿Alguna tiene ingresos variables?

Elena levanta la mano.

—Sí, yo. Trabajo como freelance, así que mis ingresos pueden variar cada mes.

—Pues en tu caso, Elena, sería bueno calcular un ingreso promedio mensual para que puedas planificar con más seguridad. Ahora, veamos los gastos. ¿Cuántas de vosotras ya seguís un presupuesto o habéis intentado hacerlo?

—Yo lo he intentado, pero nunca he llegado a ceñirme realmente a él.

Varias cabezas más asienten.

—¡Entiendo! Crear y mantener un presupuesto puede parecer desafiante al principio, pero los beneficios son enormes. ¿Estáis preparadas para empezar?

Lo primero que las mujeres del club se ven animadas a hacer es identificar todos sus ingresos. Es importante tener en cuenta todos: los que son mensuales y los eventuales o extras (como las pagas de verano o Navidad), si recibimos cualquier tipo de bonus o ayuda... Para quienes tienen salarios variables, la clave será hacer el promedio de los ingresos recibidos el año anterior al que se esté haciendo el cálculo.

Una vez que se ha hecho eso, es hora de identificar y clasificar los gastos. Esto es clave. Una manera sencilla de hacerlo es abriendo la aplicación del banco y sacando un extracto con los movimientos de los últimos meses. Se puede imprimir e ir seleccionando y clasificando en diferentes grupos. Este listado os puede servir de ejemplo:

- Deudas: hipoteca, alquiler, préstamos...
- Suministros: luz, agua, teléfono...
- Alimentación.
- Ocio: comer fuera de casa, salir de fiesta, hacer una excursión o ir de fin de semana...
- Hijos.
- Ahorro.

Al lado de la cantidad económica que habéis gastado de media, es interesante poner el porcentaje de vuestro sueldo o ingresos que representa esa cantidad. Conocer lo que habéis estado gastando os servirá de dos cosas:

1. Como brújula, para saber cuánto invertís mensualmente y poder crear así un presupuesto fiel.
2. Para daros cuenta y valorar cuánta energía estáis dedicando a eso y saber si realmente es lo que queréis.

—¿Y cómo asignamos dinero a cada categoría?

—Excelente pregunta, Manuela. Ahí es donde entra la magia. Después de cubrir vuestros gastos necesarios, debéis asignar una cantidad razonable a vuestros deseables y ahorros. La clave es ser realistas y, al mismo tiempo, asegurarnos de que estamos ahorrando para nuestras metas a largo plazo.

—¿Y si no hay suficiente para todas las categorías? —pregunta Clara.

—Priorizar es la clave. Si no hay suficiente, revisa bien tus gastos y busca áreas donde se puedan reducir. Pero lo más importante es no descuidar los ahorros. A largo plazo, eso es lo que construirá nuestra seguridad financiera.

—¿Qué pasa si tenemos deudas?

—Buena pregunta, Carla. Si en el pasado no habéis

tenido una buena previsión y hoy en día vuestras deudas o compras a plazos ocupan una parte importante de vuestro salario, no os preocupéis. La idea, ahora que estáis empezando a trabajar en vuestra inteligencia financiera, es crear un plan para reducirlas cuanto antes. El objetivo es equilibrar los gastos, las metas y las deudas. El presupuesto es como un mapa que nos ayuda a llegar a donde queremos ir. Y aquí está el secreto: debemos ser realistas, pero también indulgentes con nosotras mismas. ¿Quién dijo que no se puede disfrutar mientras alcanzamos nuestras metas financieras? ¡Los beneficios son muchos! Primero, tendremos el control sobre nuestro dinero. No solo vemos hacia dónde vamos, sino que también seremos las capitanas. Segundo, nos permite priorizar y trabajar hacia nuestras metas. Y, por último, nos da tranquilidad financiera. ¿A quién no le gustaría eso?

 El presupuesto te ayuda a tener unas finanzas conscientes y elegir adónde va tu dinero.

—Una vez que ya tenemos una radiografía de todos nuestros gastos y sabemos lo que ingresamos, es el momento de crear el presupuesto. La verdad es que, por lo general, no sabemos dónde va nuestro dinero o destinamos mucho más de lo que verdaderamente queremos en algunas partidas. La planificación nos permite conseguir lo contrario: decidimos racional y conscientemente cuánto dinero queremos invertir en cada tipo de gastos y a partir de ahí tomamos decisiones y lo ejecutamos.

—Ahora, quiero que imaginéis vuestro salario o ingresos como un tesoro que podéis distribuir sabiamente. ¿Cuáles son nuestras necesidades básicas, nuestras metas y esos pequeños lujos que os alegran el día? Quiero plantearos una estrategia efectiva para distribuir vuestro salario: la regla del 50/30/20. ¿Alguna ha oído hablar de ella?

—Sí, la he escuchado, pero no estoy segura de cómo funciona exactamente.

—Excelente, Manuela. La regla del 50/30/20 es una guía simple y poderosa para asegurarse de que tus finanzas estén equilibradas. Funciona tal que así:

»El 50 por ciento del salario se destina a necesidades básicas como la vivienda (bien sea hipoteca o alquiler) y alimentos.

»El 30 por ciento se destina a deseables, como entretenimiento y comer fuera.

»Y el 20 por ciento se destina a ahorro.

—¿Eso significa que, si ganamos más, podemos gastar más en nuestras necesidades y deseables?

—Buena pregunta, Elena. En realidad, la regla se mantiene constante, independientemente de cuánto ganes. Si ganas más, tendrás más para gastar en tus deseables y ahorrar, pero las proporciones permanecen igual.

—Pero ¿qué pasa si mis gastos esenciales superan el 50 por ciento?

—Es una pregunta muy común, Martina. La regla es una guía general, pero la vida real puede ser complicada. Si tus gastos esenciales superan el 50 por ciento, trata de ajustar en otras áreas. Tal vez puedas reducir los gastos deseables o encontrar formas de aumentar tus ingresos.

—¿Y qué pasa con las deudas? ¿Van en el 20 por ciento o a los esenciales?

—Sí, Carla. El 20 por ciento se destina a ahorros y pago de deudas que no son hipoteca, como podrían ser pagos aplazados o tarjetas de crédito. Reducir este tipo de deudas deberá ser uno de nuestros primeros objetivos para sanear nuestra economía y empezar de cero.

Reducir este tipo de deudas deberá ser uno de nuestros primeros objetivos para sanear nuestra economía y empezar de cero.

—¿Y si quiero ahorrar más del 20 por ciento?

—¡Eso sería genial, Clara! Si puedes ahorrar más, ¡hazlo! La regla del 50/30/20 es una guía, pero si puedes asignar más a tus ahorros, ¡eso solo fortalecerá tu posición financiera a largo plazo! De hecho, habrá momentos de nuestra vida, por ejemplo, cuando estemos ahorrando para dar la entrada para una casa, en que seguramente nuestro ahorro deberá superar ese 20 por ciento. Esta regla es muy sencilla, lo que la hace fácil de seguir. Al ajustar las finanzas según estas proporciones, estaréis en camino hacia un manejo más equilibrado y consciente de vuestro dinero. ¿Alguna otra pregunta o pensamientos sobre la regla del 50/30/20?

—¿Esto significa que deberíamos revisar nuestro presupuesto cada mes para asegurarnos de seguir la regla? —interviene Isabel.

—¡Exacto, Isabel! Revisar tu presupuesto regularmente es clave para mantener el equilibrio y hacer ajustes según sea necesario. Así puedes adaptarte a los cambios en tus ingresos o gastos. ¿Listas para poner esto en práctica?

—¡Totalmente lista! —responden todas al unísono.

—¡Perfecto! Vamos a trabajar juntas para que la regla del 50/30/20 sea una herramienta efectiva en vuestra vida financiera. ¡Sigamos avanzando!

Con ejemplos prácticos, Ana guía a las mujeres a través de la creación de un presupuesto personal y la regla del 50/30/20. Les habla sobre la importancia de asignar fondos a categorías específicas, como gastos esenciales, ahorros y placeres personales.

Además, Ana comparte con ellas herramientas prácticas y hojas de trabajo para que cada mujer comience su propio viaje de presupuesto personal.

—Recordad, esto es un proceso. Ajustad según lo necesitéis y celebrad cada pequeño logro en vuestro camino financiero. ¡Estamos tomando el control de nuestras finanzas y debemos sentirnos orgullosas de ello! —concluye Ana, levantando un aplauso en la sala.

—¡Hagamos que cada céntimo cuente!

El encuentro termina con una sensación de determinación y camaradería. Las mujeres se despiden con la promesa de comenzar sus propios presupuestos y apoyarse mutuamente en este emocionante viaje hacia el equilibrio financiero. Manuela sale de la segunda sesión del Club de Mujeres Empoderadas con una energía renovada y una mente llena de nuevas ideas. La charla sobre finanzas personales y la importancia de tener el control sobre el dinero resuenan con fuerza en ella. Ana, la asesora financiera del club, ha compartido valiosos consejos sobre cómo administrar eficientemente los ingresos, destacando la regla del 50/30/20 como un camino hacia la estabilidad financiera.

Al llegar a casa, Manuela no puede esperar para poner en práctica lo aprendido. Se siente decidida a tomar el control de sus finanzas y aplicar lo aprendido para tener una visión clara de su situación económica. Se sienta en su escritorio, enciende el ordenador y se dispone a hacer los deberes asignados por Ana.

¿Qué es un presupuesto financiero personal?

Imagina el presupuesto personal como un mapa detallado que traza tu viaje financiero. Es una herramienta que te permite asignar un propósito a cada centavo que entra y sale de tu vida.

En esencia, el presupuesto es una guía que te ayuda a tomar el control de tu dinero, en lugar de permitir que el dinero te controle a ti.

En el mundo acelerado y a menudo caótico en el que vivimos, puede ser tentador evitar la tarea aparentemente tediosa de crear un presupuesto. Sin embargo, el presupuesto no es solo una lista fría de números: es la brújula que te guía hacia la seguridad financiera y la realización de tus metas.

Un presupuesto personal no es simplemente una hoja de cálculo; es la herramienta que te empodera para tomar decisiones conscientes y sostenibles con respecto a tu dinero.

Para Manuela, abrazar el arte del presupuesto fue el primer paso hacia la libertad financiera.

Al adoptar esta práctica, te invito a seguir sus huellas y descubrir la magia de tener el control total de tu viaje financiero.

Ventajas de tener un presupuesto personal

La primera ventaja de contar con un presupuesto personal es la adquisición de una **visión clara** de nuestra economía y la toma de **control** sobre lo que hacemos con ella. Al conocer exactamente cuánto ganas, cuánto gastas y en qué lo gastas, recuperas el control sobre tu dinero. Para Manuela, esta claridad es el antídoto contra la incertidumbre financiera que experimenta después de su divorcio. Por otro lado, ayuda a la **priorización de metas**: ¿sueñas con comprar una casa, viajar por el mundo o jubilarte cómodamente? Un presupuesto te permite asignar fondos específicos a tus metas, priorizando lo que realmente importa para ti. Manuela descubre que al alinear su presupuesto con sus sueños, estos dejan de ser quimeras inalcanzables y se convierten en metas tangibles.

Otro de los grandes beneficios de construir un presupuesto y comprometerse a seguirlo rigurosamente es el **control del gasto impulsivo**. Todos hemos caído en la tentación de comprar algo innecesario de vez en cuando. Un presupuesto actúa como un recordatorio constante de tus objetivos financieros, ayudándote a resistir la tentación del gasto impulsivo. Para Manuela, esto marca la diferencia entre malgastar dinero en caprichos momentáneos y trabajar hacia un futuro financiero sólido.

Por último, pero no menos importante, el seguimiento de un presupuesto nos ayuda a vivir más tranquilas, es decir, experimentamos una **reducción del estrés financiero**. El desconcierto financiero puede ser abrumador, pero un presupuesto personal actúa como un salvavidas emocional. Saber exactamente dónde te encuentras y hacia dónde te diriges reduce significativamente el estrés asociado con el dinero. Manuela experimenta una sensación de alivio al darse cuenta de que no está a la deriva en un océano financiero incierto.

Ya en casa, Manuela se descarga la plantilla de presupuesto en Excel que Ana le recomendó durante la sesión y comienza a llenar los detalles de sus ingresos y gastos mensuales. Cada número que ingresa le proporciona una visión más clara de su situación financiera actual. La regla del 50/30/20 se convierte en su guía mientras asigna porcentajes a cada categoría. Le brinda una estructura clara, pero también le permite personalizar su presupuesto según sus metas y prioridades.

Concentrada y enfocada, Manuela empieza a plantearse cómo distribuir sus ingresos. Reduce los gastos innecesarios, asigna una parte significativa al ahorro y deja espacio para disfrutar de la vida con un 30 por ciento destinado a gastos personales y entretenimiento. Esta visión detallada de sus finanzas le proporciona la claridad que necesitaba para tomar de una manera objetiva la decisión de qué hacer con la casa.

Mientras completa su presupuesto personal, Manuela se siente cada vez más empoderada. Ha pasado de la incertidumbre sobre la posible venta de su casa a tener una herramienta concreta para evaluar su situación financiera. Ahora, con un plan sólido y una comprensión clara de sus finanzas, se siente preparada para tomar decisiones significativas y alcanzar sus metas financieras a largo plazo. La experiencia en el Club de Mujeres Empoderadas y la guía de Ana se han convertido en los impulsores que Manuela necesita para tomar las riendas de su futuro financiero con confianza y determinación.

Al examinar detenidamente sus gastos, Manuela identifica áreas donde puede reducir algunos costes sin sacrificar su calidad de vida. Elimina gastos superfluos, como esas suscripciones que tiene desde hace meses y apenas usa. Pequeños gastos tontos que individualmente no suponen nada, pero que en conjunto tienen mucha más importancia.

El apartado destinado al ahorro atrapa su atención aún más. Manuela se da cuenta de que no está plasmando su futuro financiero, sino que tiene ante ella un lienzo en blanco en el que puede dibujar el resto de su vida. Por primera vez se siente libre. Libre de todas esas creencias y cadenas que la han atado hasta hace muy poco. Libre por no tener que satisfacer a nadie. Ni a sus padres ni a su marido (ya ex). Libre porque por primera vez se ha preguntado qué le gustaría hacer, dónde le gustaría vivir, qué viaje quiere realizar... Tiene una vida por delante para vivirla a su manera. Y eso la hace realmente feliz.

Motivada por la idea de alcanzar sus metas financieras a largo plazo, decide establecer metas específicas de ahorro. Crea subcategorías para emergencias, inversiones y futuros proyectos personales. Esta visión detallada le proporciona una guía clara sobre cuánto debe destinar a cada aspecto de su futuro financiero.

A medida que avanza, con el presupuesto personal como guía, Manuela evalúa cuánto puede destinar al pago de su hipoteca y cómo eso afectaría a su plan financiero a largo plazo.

Se da cuenta de que puede pagar por sí misma la hipoteca, vivir con cierta tranquilidad y destinar una parte de su sueldo al ahorro. Ha transformado números abstractos en una herramienta tangible para alcanzar sus objetivos. Arropada por la satisfacción de haber completado sus deberes financieros, Manuela se siente lista para afrontar cualquier desafío económico que se presente. Muy atrás quedó esa mujer insegura, abrumada por los números y atada a todas las creencias de su pasado. Ahora, con un presupuesto personal sólido y una comprensión clara de sus finanzas, está preparada para una nueva vida mucho más en paz con el dinero y consigo misma.

Sabiendo que la parte económica ya no será un problema para afrontar los pagos de la hipoteca y poder vivir, ahora lo que le queda es tomar la decisión desde el punto de vista emocional.

¿Cómo distribuyo mi salario?

Distribuir un salario mensual es una tarea fundamental en la construcción de un camino financiero sólido. El objetivo es aprender a asignar sabiamente los recursos para lograr un equilibrio entre las necesidades inmediatas y las metas a largo plazo. La estrategia del 50/30/20 aporta un enfoque simple y efectivo para distribuir nuestro salario de manera equilibrada, asegurando que cubrimos nuestras necesidades, ahorramos para el futuro y disfrutamos de algunas comodidades.

Aquí está el desglose detallado de esta estrategia:

• **50 por ciento: necesidades esenciales**
La mitad de tu salario, el 50 por ciento, se destina a cubrir tus necesidades esenciales. Entre estas categorías, fundamentales para tu vida diaria y bienestar, se incluyen:

- Vivienda (30 por ciento): el alquiler o la hipoteca deben consumir aproximadamente el 30 por ciento de tu salario. Esto garantiza que tengas un lugar seguro y cómodo para vivir sin excederte en gastos.

- Servicios públicos (10 por ciento): incluye electricidad, agua, gas, internet y otros servicios esenciales. Limitar estos gastos al 10 por ciento de tu salario es una forma de controlar costes sin sacrificar comodidades básicas.
- Alimentación (10 por ciento): este porcentaje cubre tus gastos de comestibles y comidas diarias. Planificar tus compras y cocinar en casa puede ayudarte a mantener este gasto bajo control, pues, aunque las cenas y comidas del fin de semana podamos incluirlas en la categoría de entretenimiento, el resto del tiempo el presupuesto para alimentarnos debe salir de aquí, y si entre semana comemos fuera, el gasto aumentará drásticamente.

• **30 por ciento: gastos discrecionales**

El 30 por ciento restante se reserva para gastos discrecionales, es decir, aquellos que no son esenciales pero que mejoran tu calidad de vida y bienestar emocional. Esto incluye:

- Entretenimiento (10 por ciento): películas, salidas a cenar, eventos culturales, etc. Estos gastos permiten que disfrutes de la vida sin comprometer tus necesidades básicas.
- Ropa, salud y otros gastos personales (10 por ciento): renovar tu guardarropa, ir al gimnasio o hacer una visi-

ta al dermatólogo entran en esta categoría. Establecer un límite del 10 por ciento ayuda a evitar compras impulsivas y fomenta la reflexión sobre tus elecciones a la hora de gastar el dinero.

- Transporte (10 por ciento): este porcentaje cubre gastos relacionados con el transporte, como gasolina, mantenimiento del automóvil y transporte público. Mantener este gasto en el 10 por ciento te ayuda a tomar decisiones conscientes sobre cómo te mueves.

• **20 por ciento: ahorros y deudas**

El 20 por ciento de tu salario se destina a construir tu futuro financiero. Esta categoría se divide en dos áreas clave:

- Ahorros (15 por ciento): destina al menos el 15 por ciento de tu salario para el ahorro. Esto puede incluir la construcción de un fondo de emergencia, ahorros a largo plazo y contribuciones a cuentas de jubilación. Evidentemente, si tu sueldo es muy bajo o roza el salario mínimo, es probable que en ocasiones tengas que emplear parte de este porcentaje para completar otros presupuestos (como el 10 por ciento de alimentación, sobre todo en un contexto de inflación como el actual), pero procura que tus ahorros nunca bajen del 10 por ciento de tu sueldo.
- Deudas (5 por ciento): si tienes deudas pendientes, ya sean tarjetas de crédito, préstamos estudiantiles o

cualquier otra forma de deuda, destina al menos el 5 por ciento para pagarlas. Pagar tus deudas de manera consistente es fundamental para mantener una salud financiera sólida.En cualquier caso, no te olvides de que la estrategia del 50/30/20 es un punto de partida general y que no tiene por qué servirte siempre. En el caso de que tu salario actual no te permita llevarla a cabo o que ya tengas deudas adquiridas que superen los porcentajes de los que te hablo, úsala a modo de orientación: lo importante es que ajustes los porcentajes según tus necesidades y metas personales, pero que lo hagas de manera consciente y te comprometas a seguirla con disciplina. Revisa y ajusta regularmente, la vida cambia y tus finanzas deben adaptarse. Intenta que estas revisiones sean como mucho trimestrales para asegurarte de que tu distribución aún se ajusta a tu situación actual. En cualquier caso, no sacrifiques el ahorro, por el contrario, priorízalo. Es una parte crucial de esta estrategia. Establecer buenos hábitos de ahorro desde el principio te prepara para un futuro financiero más sólido. Al seguir la estrategia del 50/30/20, no solo estarás distribuyendo tu salario de manera efectiva, sino que también estarás estableciendo las bases para una salud financiera a largo plazo. Recuerda que la clave está en el equilibrio y la consistencia.

MI PRESUPUESTO

Ha llegado el momento de coger papel y lápiz. O, si lo prefieres y tal y como te he propuesto las otras veces, de que abras tu ordenador. Vamos a crear juntas un presupuesto personal paso a paso:

Paso 1: la inmersión en tus finanzas

Antes de que puedas comenzar a trazar tu presupuesto, debes sumergirte en el océano de tus finanzas personales. Esto implica recopilar meticulosamente información sobre tus ingresos y gastos. Examina tus recibos de sueldo, extractos bancarios y cualquier otra fuente de ingresos. De manera igualmente minuciosa, localiza cada gasto, desde las facturas mensuales hasta los pequeños caprichos.

Paso 2: disección de ingresos y gastos

Una vez que hayas recopilado todos tus datos financieros, es el momento de desentrañarlos. Divide tus ingresos en categorías claras, identificando tanto los ingresos regulares como aquellos menos frecuentes pero consistentes. Del mismo modo, clasifica tus gastos en categorías como vivienda, alimentación, transporte, entretenimiento y deudas.

Manuela, en su propio viaje, se sorprende al descubrir cuánto dinero estaba destinando a categorías que ni siquiera reconocía. Este proceso de disección te permitirá obtener una visión detallada y reveladora de tu situación financiera actual.

Ingresos	
Sueldo	
Otros	

Gastos	
Vivienda	
Coche	
Alimentación	

Paso 3: establecimiento de metas financieras

Con un conocimiento más profundo de tus ingresos y gastos, es hora de establecer metas financieras claras y realistas. ¿Sueñas con saldar tus deudas, comprar una casa o ahorrar para la educación de tus hijos? Define metas a corto, medio y largo plazo. La historia de Manuela nos enseña que estas metas son el motor que impulsa tu compromiso con el presupuesto.

Metas a corto plazo
Cambiar las ruedas del coche, reservar fin de semana en la playa...

_____

_____

_____

_____

_____

_____

Metas a medio plazo
Ahorrar 5.000 euros de aquí a finales de año, abrir una nueva cuenta...

_____

_____

_____

_____

_____

Metas a largo plazo

Comprar una segunda residencia, invertir en un negocio...

Paso 4: asignación de fondos

Una vez que tienes claro cuáles son tus objetivos, llega el momento de asignar fondos a cada área de tu vida financiera. Determina cuánto destinarás a los gastos esenciales como vivienda y alimentación, cuánto a las deudas y cuánto al ahorro para lograr tus metas. Aprender de Manuela es comprender que cada céntimo tiene un propósito definido en este presupuesto.

Paso 5: creación del presupuesto mensual

Es el momento de ponernos serios. Construye un presupuesto mensual detallado, asignando cantidades específicas a cada categoría. Este será tu mapa financiero mensual, guiándote a través de cada día del mes.

Categoría	Porcentaje de gasto	Cantidad específica	
Transporte	10 por ciento	Mantenimiento del coche	
		Gasolina mensual	
		Tarjeta de transporte	
Ocio	8 por ciento	Viajes anuales	
		Ir al cine	

Paso 6: evaluación y ajuste constantes

La vida está en constante cambio, y tu presupuesto debe reflejarlo. Programa revisiones regulares para evaluar tu progreso y ajustar tu presupuesto según sea necesario. Aprendamos de Manuela, quien entiende que la flexibilidad es clave para enfrentar los giros inesperados de la vida.

Paso 7: uso de herramientas tecnológicas

Una vez que hayas aprendido a realizar un presupuesto, poco a poco, siguiendo las herramientas que hemos puesto a tu disposición, es hora de que des el salto.

Vivimos en una era digital, y hay una variedad de aplicaciones y herramientas en línea que pueden simplificar enormemente el proceso de presupuestar. Desde aplicaciones que categorizan automáticamente tus gastos hasta plataformas que ofrecen análisis detallados, explora las opciones disponibles y encuentra la que se ajuste a tu estilo de vida.

Paso 8: disciplina y persistencia

Finalmente, y quizá lo más importante, la creación de un presupuesto personal requiere disciplina y persistencia. En la historia de Manuela, descubrimos que la verdadera magia del presupuesto radica en la consistencia.

Aunque pueda parecer abrumador al principio, con el tiempo, este hábito se convertirá en una herramienta poderosa y liberadora en tu búsqueda de la libertad financiera.

Con estos pasos detallados, estás lista para iniciar tu propio viaje hacia la creación del presupuesto personal perfecto. Recuerda que este no es solo un documento financiero; es la brújula que te guiará hacia la realización de tus sueños. ¡Adelante, forja tu sendero financiero y descubre la verdadera libertad que te espera al otro lado!

6
CREA TU PLANIFICACIÓN FINANCIERA

Manuela despierta esa mañana con una determinación renovada y un sentimiento de orgullo por haber abordado su situación financiera después de la última sesión del Club de Mujeres Empoderadas. Ha completado con éxito los deberes que Ana, la asesora financiera, le asignó, y eso le ha proporcionado una sensación de control y claridad en medio de sus preocupaciones económicas.

Decidida a continuar con esta nueva mentalidad, Manuela se propone revisar su trastero en busca de algunas prendas de temporada que guardó. Mientras busca entre cajas de ropa y objetos olvidados, sus ojos se posan en unas cajas más grandes y polvorientas que recuerda haber guardado allí cuando sus padres se mudaron.

La nostalgia la envuelve cuando levanta la solapa de una de las cajas. Entre fotografías familiares y recuerdos de la infancia, Manuela encuentra un conjunto de cartas y documentos antiguos. Se sorprende al ver que las cartas son de su padre y están dirigidas a sí mismo. La curiosidad la lleva a sumergirse en la lectura.

Las páginas revelan una serie de inversiones imprudentes, préstamos no pagados y decisiones impulsivas que llevaron a la familia a la ruina financiera. A medida que Manuela avanza en la lectura, la conexión con su pasado se vuelve más evidente. Aquellas lecciones, aprendidas de manera tan dura por sus progenitores, resuenan en su cabeza y le hacen revivir discusiones entre ellos por la situación financiera que atravesaba la familia. Ahora empieza a entender muchos de los conflictos, palabras y situaciones que vivió cuando era niña.

Este hallazgo no solo revela secretos financieros, sino que también despierta en Manuela un deseo más profundo de comprender su legado. Con cada palabra leída, se da cuenta de que esto no solo supone una lección para ella, sino también una oportunidad para cambiar el curso de la historia financiera de su familia. Una oportunidad para aprender que los errores de generaciones anteriores pueden influir en las decisiones del presente.

Impulsada por un deseo de comprender las raíces de la historia financiera de su familia, Manuela decide embarcarse en una investigación más profunda. Las cartas no solo revelan pérdidas monetarias, sino también conflictos familiares y sacrificios no reconocidos. Manuela se da cuenta de que esta herencia perdida es más que solo dinero; es una lección invaluable sobre la fragilidad de las decisiones financieras y la necesidad de un enfoque más cuidadoso hacia la planificación económica.

En una de las cartas, escrita con una mezcla de angustia y vergüenza, su padre detalla cómo tomó decisiones precipitadas con la herencia de los abuelos, una suma considerable de dinero que representaba la seguridad financiera de la familia. Admite que se embarcó en una serie de inversiones sin informarse adecuadamente, sin comprender las complejidades del mercado financiero. El resultado fue devastador: casi la totalidad del capital se perdió. Manuela, leyendo entre líneas, puede sentir la carga emocional de su padre, la vergüenza por su falta de prudencia y el dolor por el impacto que esta pérdida tuvo en la estabilidad familiar.

Comprende que su padre, en su desesperación y vergüenza, optó por escribirse cartas a modo de desahogo. Cada palabra escrita expresa la tristeza y la frustración de haber arriesgado el futuro de la familia sin comprender las consecuencias. Es evidente que su padre, apenado por sus decisiones, creó un refugio en las cartas para liberar las emociones que no podía compartir abiertamente en casa. Sin embargo, a pesar de la difícil situación financiera, continuó trabajando incansablemente. Las horas extra en el despacho no solo eran para recuperar lo perdido, sino también para mantener la fachada de estabilidad frente a su madre y a ella misma. Era una máscara que ocultaba el dolor y una forma de proteger a su familia del conocimiento de sus errores. Ahora, con este revelador capítulo de su historia familiar, Manuela entiende el peso que su padre llevaba a sus espaldas. La vergüenza y el sacrificio enmascarados tras una apariencia de normalidad la llenan de compasión y empatía.

Con el impacto de la revelación sobre la mala gestión financiera de su familia, Manuela comienza a ver la planificación financiera no solo como una herramienta imprescindible para su propio futuro, sino también como una oportunidad para redimir las dificultades que afectaron a su familia. Ahora comprende la importancia crucial de informarse antes de tomar decisiones financieras significativas. La historia de su padre se convierte en un testimonio vivo de los peligros de actuar impulsivamente sin una comprensión clara de las consecuencias.

A medida que Manuela continúa leyendo las cartas, descubre que, tras el fracaso financiero, su padre decidió invertir tiempo y esfuerzo en su propia educación financiera. Adquirió formación exhaustiva sobre cómo salir de deudas, planificar en función de objetivos y tomar decisiones más acertadas con los pocos ahorros que logró acumular con dedicación y trabajo arduo.

Las cartas revelan el cambio de mentalidad de su

padre. Después de la significativa pérdida, decidió aprender de sus errores y transformar esa experiencia en una oportunidad para el crecimiento financiero. Se sumergió en la literatura financiera, asistió a cursos y buscó asesoramiento de expertos para entender los principios fundamentales de la planificación financiera.

Con el tiempo, su padre logró remontar la situación, reduciendo deudas y estableciendo metas claras. Había aprendido a alinear sus decisiones con los objetivos financieros a largo plazo, un proceso que Manuela encontró inspirador. Este capítulo oscuro en la historia financiera de su familia se convirtió en una lección transformadora sobre la importancia de la educación financiera y la planificación cuidadosa.

La historia de superación de su padre se vuelve un faro de esperanza para Manuela. Ahora más que nunca, comprende la relevancia de aprender de los errores pasados y de equiparse con el conocimiento necesario para tomar decisiones informadas. La planificación financiera se le revela como una herramienta poderosa para construir un futuro sólido.

Terminadas las cartas, Manuela se fija en un papel, arrugado, desgastado y con la señal de haber sido doblado en varias mitades, como si su padre lo hubiese llevado consigo durante mucho tiempo.

Al abrirlo, descubre que es como una especie de hoja de los deseos. Su padre dividió el folio en tres columnas.

A la primera la llamó «corto plazo (próximos tres años)», a la segunda «medio plazo (entre cuatro y nueve años)» y, a la tercera, «largo plazo (futuro a partir de diez años)». En ellas, plasmó los objetivos que tenía en cada una de esas etapas.

Manuela se emociona al leer el objetivo que se repite en las tres columnas: «Cuidar de mi familia». Es siempre el primero. Pero después añade otros. En el corto plazo su padre situó objetivos tales como: amortizar todas las deudas, llevar a mi familia de vacaciones una semana, crear un colchón de emergencia…

En el medio plazo: cambiar de coche, pasar menos horas en el despacho, hacer una reforma en casa, los estudios de mis hijos…

Y en el largo plazo: calidad de vida para pasar tiempo con mi mujer y mi familia. Regalarles un viaje, jubilación digna…

Al leer cada línea, Manuela siente una mezcla de admiración y gratitud hacia su padre. Aquella hoja no solo representa un conjunto de metas financieras, sino también el compromiso inquebrantable de un padre dispuesto a sacrificarse y trabajar incansablemente para hacer realidad los sueños de su familia. Con esta revelación, Manuela encuentra una nueva fuente de inspiración para su propia travesía de planificación financiera, sabiendo que detrás de cada número y decisión hay un propósito más profundo y significativo.

Después de absorber cada palabra escrita en las cartas y asimilar la valiosa lección que estas contienen, Manuela se da cuenta de que la planificación financiera es mucho más que números y cálculos; es un lienzo en blanco donde poder diseñar el futuro de su vida y de su familia. Con esta revelación, una sensación de libertad y empoderamiento la envuelve mientras sube las escaleras hacia su hogar.

Al llegar a casa, Manuela se siente renovada, como si las puertas de posibilidades infinitas se abrieran ante ella. Con cuidado, guarda las cartas de su padre en un lugar especial, llena de cariño y gratitud por las lecciones que le han brindado. Ese conjunto de escritos se convertirá en un recordatorio constante de la resiliencia y el poder transformador de ser responsable y proactiva con su vida, de tomar las decisiones correctas y de tener el valor de vivir por sus sueños.

Con una taza de café humeante en la mano, Manuela se sienta frente a un cuaderno en blanco. Inspirada por las metas plasmadas por su padre en aquella hoja, se propone definir sus propios objetivos a corto, medio y largo plazo.

La hoja en blanco frente a ella se convierte en un lienzo para sus sueños y aspiraciones. Nunca antes se ha sentido tan dueña de su destino, tan entusiasmada por lo que está por venir, tan capaz de todo.

Planificación financiera a corto, medio y largo plazo

Muchas personas piensan que la planificación financiera es solo para aquellos con grandes patrimonios o salarios, pero nada más lejos de la realidad.

La planificación financiera nos permite optimizar al máximo nuestros recursos económicos, nos aporta claridad en nuestras finanzas personales, nos ayuda a tomar decisiones de manera objetiva y además supone un gran impulso y una ruta hacia nuestras metas y sueños.

La planificación financiera debería ser un tema obligatorio en todos los colegios e institutos. Enseñar a la población cómo organizar sus finanzas antes de comenzar a operar en un sistema económico del cual desconocemos todo y en el que vamos contrayendo deudas sin saber siquiera lo que son.

Una buena planificación financiera te hará tener una vida económica mucho más estable y organizada. Te aportará tranquilidad al tener la garantía de que muchos de tus sueños y metas se van a cumplir. Imagínate por un momento... tener la certeza de que tu hijo/a va a ir a la universidad que te gustaría, saber que pase lo que pase con el sistema de pensiones tendrás la jubilación que siempre has soñado o que dentro del plazo establecido podrás acceder a la casa en la que siempre has querido vivir.

A continuación, vamos a establecer tres plazos temporales para realizar nuestra planificación financiera.

- **Corto plazo:** le vamos a llamar corto plazo al periodo comprendido entre hoy y los próximos tres años.
- **Medio plazo:** desde el final de ese corto plazo, es decir, comenzando dentro de unos cuatro años desde hoy hasta aproximadamente los nueve años.
- **Largo plazo:** será el periodo desde dentro de diez años y en adelante.

Manuela reflexiona sobre sus metas a corto plazo, que incluyen crear un fondo de emergencia, reducir deudas y mejorar su bienestar financiero inmediato. Cada meta escrita en el cuaderno representa un paso concreto hacia la estabilidad y la tranquilidad.

Luego, se sumerge en las metas a medio plazo. Viajes, educación adicional y el sueño de ser propietaria de una pequeña empresa ocupan las páginas del cuaderno. Manuela visualiza cómo estas metas no solo impactarían en su vida, sino también en la de su familia.

Finalmente, explora sus metas a largo plazo, que abarcan desde la jubilación hasta la creación de un legado financiero para las generaciones futuras. Cada palabra escrita representa un compromiso con un futuro sólido y significativo.

A medida que rellena las páginas, Manuela siente que no solo está planificando su futuro financiero, sino también diseñando la vida que anhela. Cada meta es una pincelada en el lienzo en blanco de su planificación financiera, un recordatorio constante de que tiene el poder de moldear su destino.

Con el cuaderno lleno de sueños y metas, Manuela experimenta una sensación de liberación y fortaleza. La planificación financiera se ha transformado en una herramienta para construir una vida plena y significativa, y Manuela está lista para enfrentar el futuro con confianza y determinación.

Sin dudarlo, se pone en contacto con Ana, y la contrata como asesora financiera. Se siente preparada para llegar mucho más lejos. Ana y ella se reúnen en el despacho de la primera y pasan toda la tarde rememorando las últimas charlas del club y hablando sobre un tema del que Manuela todavía no sabe lo suficiente: los productos de ahorro.

Buscando mi producto perfecto

Cuando las personas buscamos un producto de ahorro, queremos que este cumpla todas nuestras expectativas. Hay cuatro que son las más comunes:

- Obtener la máxima rentabilidad.
- Tener la seguridad de que no vamos a perder dinero.
- Contar con la liquidez necesaria por si tenemos una necesidad.
- Lograr la fiscalidad mínima posible para no pagar impuestos por él.

Vamos a analizar en detalle cada una de ellas.

Rentabilidad

El concepto de rentabilidad alude al crecimiento de mi capital, es decir, una cantidad que no he aportado yo, sino que proviene de las ganancias de mi producto de ahorro o inversión. A la rentabilidad vamos a poder llegar por dos vías muy diferenciadas:

- **El riesgo:** en los productos con más dinamismo o volatilidad siempre vamos a poder encontrar ganancias mayores que en aquellos que invierten en activos más conservadores. Como ahorrador es muy importante que el nivel de riesgo que elijas esté alineado con tus objetivos, tu carácter y aversión frente al riesgo. A veces es preferible obtener menos rentabilidad si esto te mantiene más tranquila y confiada ante tu ahorro.
- **El tiempo:** la segunda forma de llegar a mayor rentabi-

lidad es a través del tiempo. Esto tiene bastante sentido. Si cogemos un periodo corto de la historia es muy difícil predecir qué ocurrirá en los meses posteriores. Sin embargo, cuanto mayor sea el plazo de ahorro, más seguridad tendremos de que nuestro dinero aumentará, pues la economía siempre será alcista (a pesar de que pueda haber fluctuaciones por el camino).

Como ejemplo, te pongo el siguiente gráfico donde vemos cómo han ido evolucionando en un ciclo de ochenta años la inflación, los bonos y las acciones. Como ves, a pesar de ciertas caídas puntuales provocadas por crisis económicas, guerras o acontecimientos extraordinarios, la tendencia siempre será alcista.

Fuente: Ibbotson® SBBI®

A la rentabilidad podemos llegar a través de dos caminos: el riesgo o el tiempo, pero tenerlo todo es imposible.

Seguridad

La seguridad es un concepto muy subjetivo. Para algunas personas significa no perder parte de su capital aportado; para otras, sin embargo, puede ser que esté en invertir con una compañía con prestigio y de renombre, que les aporte confianza, y para otras tantas podría aludir a una buena diversificación, por ejemplo. A la hora de realizar una planificación financiera es importante que abordes la seguridad desde dos puntos de vista:

• Seguridad de la compañía donde estás contratando tu producto de ahorro o inversión: es importante que sepas que, en caso de quiebra de la compañía, solo aquellas que están registradas tendrán un respaldo por parte del Estado u otro organismo. En España las entidades bancarias están registradas en el Banco de España y en caso de quiebra de alguna de ellas el Fondo de Garantía de Depósitos te protegerá con un capital. Este capital de respaldo puede ser modificado por cada gobierno. En España ha pasado de los 20.000 euros a los 100.000 actuales.

- Seguridad del propio producto: la seguridad de un producto financiero vendrá proporcionada por en qué invierte ese producto, su diversificación y el plazo temporal para el que está recomendado. En España, los productos financieros están categorizados por su nivel de riesgo. En los productos bancarios este es del 1 al 6 y en las aseguradoras del 1 al 7, siendo el 1 un riesgo mínimo y el 6/7 un producto con mayor volatilidad. Esto nos da una gran objetividad a la hora de tomar una decisión sobre el producto que queremos contratar y para compararlo con productos de entidades diferentes. Es importante que si en algún momento contratas un producto te fijes en esta categoría y estés segura de que se corresponde con el nivel de riesgo que quieres asumir.

Liquidez

Viene marcada por las opciones que el producto ofrece de rescatar el dinero o parte de él. Lo normal es que cada compañía te explique detenidamente las características de su producto, entre las que la liquidez debe constar de manera muy específica. Eso sí, ten en cuenta que si contratas una herramienta financiera a un plazo establecido y después decides sacar el dinero antes de la finalización de dicho periodo, es muy probable que no puedas hacerlo o, en caso de que sí, sufras algún tipo de penalización (que podría ser sobre la rentabilidad o sobre el propio capital).

Fiscalidad

Cada vez que generamos un rendimiento económico hay que pagar un porcentaje a Hacienda. A la hora de contratar una herramienta de ahorro e inversión es importante que nos informemos previamente de **cómo tributa dicha herramienta de ahorro** y si tiene algún tipo de exención o ahorro fiscal en sus diversas modalidades de rescate, ya que en ocasiones puede resultar más ventajoso un rescate en forma de rentas que en forma de capital (es decir, que la retirada total del ahorro de una sola vez puede no convenir). En España, tenemos dos formas de tributar en productos de ahorro:

- Rendimiento del trabajo: es la fiscalidad que tienen los planes de pensiones. Tributaremos sobre el ahorro total (capital aportado más el beneficio generado) según nuestro tramo de IRPF en el año del rescate. Te pongo un pequeño ejemplo...

  Si durante toda la vida del producto de ahorro metes 50.000 euros y generas 30.000 euros, el total acumulado será de 80.000 euros. Tendrías que ver cuál es la tributación de IRPF del año del rescate y pagarías impuestos por ese importe total. Como bien sabes, el sistema de IRPF en España va por tramos y va en crecimiento según el valor económico, por lo que la tributación en estos casos es mucho más negativa.

• Rendimiento de capital mobiliario: es la más común. En este caso tributaremos sobre la rentabilidad y no sobre el capital y lo haremos a unos porcentajes que están estipulados.

Rentas del ahorro	Tipo impositivo
Hasta 6.000 euros	19 por ciento
De 6.000 a 50.000 euros	21 por ciento
De 50.000 a 200.000 euros	23 por ciento
Más de 200.000 euros	26 por ciento

Dicho todo esto, ¿crees que sería posible obtener en un mismo producto estas cuatro cualidades? La respuesta es clara: NO. El producto perfecto no existe. Por muy buenos que sean los equipos de marketing de las entidades financieras, no hay ninguna herramienta que cuente con estas cuatro características.

Aunque no lo creas, esto no es necesariamente un problema. ¿Te preguntas el porqué? Es sencillo. Las personas tendemos a confiar en una herramienta o producto financiero para todo, y ahí es donde nos equivocamos. Lo ideal, por el contrario, es contratar un producto de ahorro para cada objetivo. O, al menos, para objetivos que se vayan a cumplir en el mismo periodo temporal. Te pongo un ejemplo: no tiene nada que ver ahorrar para tus próximas vacaciones que para tu jubilación.

Para lo primero necesitamos un producto con una alta disponibilidad para poder usar el dinero para comprar los billetes y hacer los pagos necesarios en un corto espacio de tiempo, además de que sea seguro para que, cuando lo necesites, no haya perdido valor.

Para el segundo objetivo, la jubilación, lo que le pediremos sobre todo es rentabilidad, ya que disponemos de un amplio margen de tiempo y necesitamos que nuestro dinero crezca. Sin embargo, en esta ocasión, la liquidez no debería de ser un requisito primordial si hemos realizado una planificación financiera correcta. Cada plazo temporal me va a proporcionar una serie de características.

- Corto plazo: liquidez y seguridad.
- Medio plazo: rentabilidad y seguridad.
- Largo plazo: rentabilidad, seguridad y fiscalidad.

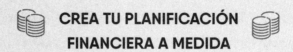

CREA TU PLANIFICACIÓN FINANCIERA A MEDIDA

Una vez más, te invito a que cojas papel y lápiz y apartes una hora de tu tiempo para el siguiente ejercicio.

Paso 1: selecciona tus metas

El primer paso para realizar una planificación financiera correcta es tener muy claro nuestros objetivos vitales. Es muy probable que prácticamente todos ellos necesiten de un componente económico. Debemos de situar cada uno de estos objetivos en un plazo temporal y asignarles un valor económico.

Te pongo un ejemplo: me gustaría casarme dentro de tres años. Y el valor económico estimado de mi boda es de 20.000 euros.

Una vez que tengamos nuestros objetivos principales puestos en sus plazos correspondientes y con sus valores económicos estimados, nos deberíamos hacer una pregunta...: ¿qué estoy haciendo hoy para que este modo de vida se vuelva una realidad?

Si eres de las personas que no ahorra nada, siento decirte que es muy posible que un gran número de esos objetivos y metas no se haga realidad.

Si eres de las que ahorra, pero lo hace en la cuenta corriente, he de decirte que estás desaprovechando un gran potencial financiero y que todo lo que consigas será a través íntegramente de tu esfuerzo.

¿Cuál es la alternativa? Trabajar y aprovecharnos de lo que el sistema financiero nos proporciona.

Paso 2: asigna una cantidad de ahorro

Una vez que tengas marcados tus objetivos, el siguiente paso es establecer una meta de ahorro. Si no ahorras nada, pregúntate, ¿no ahorro porque no le he dado la importancia hasta ahora, no tengo la costumbre o porque verdaderamente no puedo? Un pequeño truco que suelo hacer es el siguiente... Si te rebajaran el sueldo 50 euros, ¿cómo sería tu vida? Es muy probable que no tuviera una repercusión significativa. Si te rebajan el sueldo y puedes adaptarte..., ¿por qué no lo haces para ahorrar? Con esto quiero que te des cuenta de que normalmente no se trata de un problema de dinero, sino de prioridades. Y si estás leyendo estas líneas seguro que es porque eres una persona comprometida hoy en día con tu vida financiera, así que deja de lado las excusas y márcate ese propósito de ahorro.

Recuerda que esa cantidad que te marques tiene que ser alcanzable, a la vez que algo retadora.

> La planificación financiera no se trata
> de que dejes de vivir hoy para tener
> una excelente calidad de vida el día de mañana

**y tampoco que te gastes todo tu dinero
hoy y vivas en la incertidumbre en tu futuro.**

Paso 3: distribuye el ahorro en los diferentes plazos

Este paso ya te hará dar un salto muy importante en tus finanzas personales. La gran mayoría de las personas que ahorran en España lo hacen en la cuenta corriente. Es un paso, sí, y si es tu caso te felicito por hacerlo. Pero ¿sabes lo que le está pasando a tu dinero en la cuenta corriente?

Hay dos factores que están haciendo que pierdas mucho dinero:

- **Inflación:** este término alude a la subida del precio del nivel de vida de manera anual. La inflación es un ladrón de dinero muy peligroso, ya que lo hace de manera muy disimulada.

  Tú vas a ver que tu dinero en la cuenta corriente cuantitativamente es el mismo, por lo que esto nos crea cierta sensación de tranquilidad. Pero lo que le está ocurriendo realmente es que está perdiendo valor. Si guardas una cantidad de dinero en el banco hoy y no la tocas, dentro de cinco años tendrás la misma, eso es cierto, pero podrás comprar muchas menos cosas con ella.

  Te voy a dar varios ejemplos reales de la inflación que han sufrido varios productos de primera necesidad en España en los últimos años (ejemplos abajo a fecha de diciembre de 2023). A esto hay que sumarle las subidas desorbitadas de la gasolina y la factura de la luz.

Alimentos básicos	+9,4 % ↑
Patatas	+20 % ↑
Arroz	+18 % ↑
Leche	+13 % ↑
Frutas	+9 % ↑

Otros alimentos	+11,1 % ↑
Aceite de oliva	+67 % ↑
Carne	+8 % ↑
Yogur	+8 % ↑
Pescado	+7 % ↑

Sin embargo, tu salario no ha subido ni mucho menos en la misma proporción. Por lo tanto, la inflación te ha ido robando poder adquisitivo todos estos años. Si no hacemos nada con nuestro dinero para que aumente su valor, seremos cada vez más pobres a pesar de que ahorremos. Por eso una buena planificación financiera es vital para que nuestro dinero adquiera valor.

• **Coste de oportunidad:** lo que estamos perdiendo al tener nuestro dinero parado en vez de tenerlo en un sitio donde pueda generar rentabilidad. Te pongo un pequeño ejemplo para que lo entiendas:

Si ahorras 100 euros al mes durante quince años, habrás ahorrado un total de 18.000 euros. Si tu dinero lo tienes en una cuenta corriente el importe será de... 18.000 euros. Es decir, ¡0 por ciento de interés! Sin embargo, si ahorramos nuestros 100 euros en una herramienta financiera que nos genere el 4,5 por ciento anual, tu dinero se convertirá en... ¡27.874,56 euros! ¿Magia? ¡No! Aprender sobre planificación y aprovecharnos de las oportunidades que nos ofrece el mercado.

¿Y cómo hacemos todo esto? Pues diversificando nuestro ahorro en las tres categorías que ya hemos abordado en capítulos previos.

- **Corto plazo:** destinaremos más o menos en función del colchón financiero que tengamos para emergencias, es decir, el fondo de ahorro que debemos tener siempre disponible para imprevistos y cuya construcción debe ser una prioridad. La cantidad recomendada ronda de tres a seis meses de nuestros gastos mensuales. Si tenemos ya cubierta esta cantidad, podemos destinar algo menos al corto plazo. Una vez que tengamos una cantidad consolidada (al margen del fondo de emergencia), estaríamos en disposición de poder adquirir otro producto financiero de inversión para obtener una mayor rentabilidad.
- **Medio plazo:** lo podemos trabajar de manera sistemática cuando tengamos objetivos importantes en estos años. El porcentaje que hay que destinar de nuestro ahorro dependerá del número de objetivos que tengamos y de sus valores económicos.

• **Largo plazo:** es el plazo que trabajaremos siempre de manera paralela al corto plazo. Invertiremos una pequeña cantidad de nuestro ahorro mensual, alrededor de un tercio. El motivo es que es un plazo en el que vamos a obtener grandes ganancias al tener una rentabilidad mayor, trabajar con el interés compuesto y un amplio margen de tiempo, pero debemos tener claro que la cantidad que ahorremos no la vamos a poder movilizar en un corto plazo de tiempo.

Te toca a ti. Ya has aprendido los pasos. Ahora, hay que hacer el trabajo. No dejes de tener en cuenta los siguientes consejos:

1. Márcate una cantidad de ahorro que sea alcanzable pero que te suponga un reto. Haz algo que se denomina «preahorro»: en cuanto tu ingreso llegue a tu cuenta bancaria, ahorra, no esperes a final de mes, porque entonces es posible que ya te lo hayas gastado en otras cosas.
2. La planificación financiera es algo vivo. Repítela, al menos, una vez cada año.
3. Guarda todas tus planificaciones con fechas para leer en el futuro y así comprobar cómo han ido evolucionando tus objetivos y ver si los has ido consiguiendo.
4. Ponte objetivos de cantidades semestrales y prémiate. Es mucho más sencillo y motivador cuando nos

marcamos un objetivo a varios meses. Una vez que lo consigas date un pequeño capricho.

5. Utiliza alguna app de *fintech* donde puedas ir viendo cómo van creciendo tus ahorros.

6. Apóyate en tus pagas extra si las tienes o algún tipo de ingreso eventual para separar un porcentaje y ahorrarlo. Les dará una inyección a tus ahorros.

7
MULTIPLICA TU PATRIMONIO

El último encuentro del Club de Mujeres Empoderadas de la temporada resuena con una emoción especial para Manuela. Esta vez, el escenario no es la acogedora sala de estar de Lucía ni un elegante hotel en Madrid, sino una escapada a los majestuosos Pirineos. Esta promete ser una experiencia única y memorable, una oportunidad de conexión con una misma y entre todas en un entorno natural.

Manuela se emociona al pensar en la perspectiva de este viaje. Hace años, desde los días de la universidad, que no se embarca en una aventura así con amigas. La anticipación llena sus pensamientos mientras prepara su maleta con entusiasmo, imaginando las escenas que se desarrollarán en medio de la belleza escénica de las montañas.

El grupo se reúne en la estación de tren, listo para explorar nuevos horizontes. Lucía, la líder del club, ha organizado un retiro en una cabaña acogedora al pie de los Pirineos. Mientras el tren se desplaza hacia el norte, el bullicio de la rutina diaria queda atrás, y la expectativa de la aventura llena el vagón.

Mientras el tren se desplaza hacia los Pirineos, Lucía sorprende al grupo con un ejercicio pensado para reflexionar sobre los últimos ocho meses de sus vidas. Cada mujer recibe un diario y un lápiz.

—Quiero que reflexionemos juntas sobre lo que hemos logrado en estos últimos ocho meses —les dice Lucía—, quiero que os miréis con ojos llenos de compasión y valoréis cada paso que habéis dado.

Mientras Manuela se sumerge en el ejercicio de reflexión a bordo del tren rumbo a los Pirineos, su pluma danza sobre el papel, trazando líneas que conectan con los momentos transformadores de los últimos ocho meses. Y es que…, guau, su vida ha dado un giro de 180 grados. Recuerda la mujer nerviosa y hecha pedazos que apareció en aquel hotel la primera vez y la compara con cómo se siente hoy, segura y valiente, y parece que hubieran pasado años.

En el diario, Manuela plasma con gratitud y orgullo la decisión que ha tomado respecto a su casa, un paso financiero que ha marcado un antes y un después en su vida.

Reflexiona sobre cómo, con el apoyo de Ana, su asesora financiera, ha optado por alquilar su casa por habitaciones a compañeros del hospital donde trabaja. La decisión le proporciona un rendimiento económico más alto que un alquiler tradicional.

Este enfoque le ha hecho convertir su casa de un pasivo a un activo, obteniendo un rendimiento económico mensual muy superior al de la hipoteca y permitiéndole así tener un ingreso extra con el que no contaba.

Este sobrante le hizo plantearse algo con lo que siempre había soñado, pero nunca se había atrevido a hacer realidad: una preciosa casa en la sierra. Una casa de dos habitaciones, no necesita más. Una de dormitorio y otra de despacho. Arriba, en la buhardilla, ha sacado otro dormitorio de invitados. La casa tiene un precioso y amplio salón con cocina americana, con amplias ventanas y unas hermosas vistas a la Sierra. Levantarse cada mañana en ese entorno le ha aportado una tremenda paz a su vida. Es cierto que tarda más en el trayecto al hospital, pero esas vistas, esa calma, respirar aire puro, compensan con creces el aumento en el tiempo de desplazamiento.

Uno de los hitos más significativos que Manuela recuerda es cómo, con la guía experta de Ana, ha logrado obtener la hipoteca solo para ella. Este logro no solo representa un paso en firme hacia la independencia financiera, sino también la confianza renovada en sus capacidades y habilidades para tomar decisiones sólidas. Recuerda el día de la firma en el notario como uno de los momentos más importantes de su vida. No solo era una firma, sino el paso hacia una libertad e independencia de la que nunca antes ha gozado.

La reflexión la lleva a reconocer el poder de tomar decisiones conscientes y valientes en su vida financiera y no vivir en piloto automático o presa del miedo. Se acuerda en aquel momento de Victoria, la anciana que se encontró en aquel pueblecito de Asturias. «Las decisiones las puedes tomar desde el amor o desde el miedo...». Cuánta razón tenía. Hasta ese momento se había pasado su vida tomando decisiones desde el miedo. Pensar así la ha apartado de grandes oportunidades, pero nunca más dejará que le ocurra lo mismo.

Por otro lado, la planificación y la visión estratégicas, guiadas por la sabiduría compartida en el Club de Mujeres Empoderadas y la asesoría de Ana, han transformado su realidad económica. Ahora, Manuela vive no solo en su casa soñada en la Sierra, sino también con la certeza de que está construyendo un futuro financiero sólido y lleno de posibilidades.

Al cerrar el diario, Manuela experimentó una sensación de agradecimiento profundo por el viaje que ha emprendido. Estos ocho meses no solo han sido testigos de cambios en sus creencias con el dinero y en su vida económica en sí, sino también de una transformación interna que la impulsa a explorar y abrazar las oportunidades que antes solo se atrevía a imaginar.

La segunda parte del ejercicio se centra en los sueños. Manuela, con el lápiz en la mano, imagina un futuro lleno de posibilidades. Plasma sus metas financieras, personales y profesionales. Cada palabra escrita es un compromiso consigo misma para seguir avanzando hacia una vida plena y significativa.

Al terminar, Lucía les propone darle un giro adicional al ejercicio.

—Quiero que penséis en tres cosas por las que dais gracias.

Manuela reflexiona sobre la fortaleza de su red de apoyo, la capacidad de aprender de los desafíos y las oportunidades que se le presentan cada día.

El tren avanza por el paisaje cambiante, pero el compartimento se llena de una energía tranquila y agradecida. Cada mujer comparte sus reflexiones, creando un ambiente de apoyo mutuo y gratitud. Manuela se siente inspirada por las historias compartidas, descubriendo la belleza en las experiencias de las demás y fortaleciendo la conexión con el grupo.

Al llegar a los Pirineos, el ejercicio ha tejido un lazo más fuerte entre las mujeres. Han compartido sus éxitos, sueños y gratitudes, creando una base sólida para el tiempo que pasarán juntas en el retiro. Este momento de reflexión no solo es un recordatorio de la fortaleza individual, sino también de la fuerza que surge cuando se reconocen y celebran las victorias compartidas.

Los días en los Pirineos están llenos de conversaciones significativas, talleres de empoderamiento y actividades al aire libre que fortalecen los lazos entre las mujeres. En medio de risas compartidas, momentos de reflexión y la energía revigorizante de la naturaleza, Manuela se da cuenta de la importancia de estos encuentros. Nunca antes se ha parado a pensar en la influencia que la gente de la que te rodeas puede llegar a ejercer sobre tus creencias y forma de concebir la vida.

Algunas de esas mujeres se han convertido en estos meses en cómplices, compañeras, referentes. Con ellas ha conversado sobre su vida, les ha expuesto sus máximas inquietudes, ha ido al cine, al teatro o incluso de fiesta.

Ellas la inspiran y animan a dar cada día su mejor versión, a ser una persona con seguridad propia, iniciativa para luchar por sus sueños, a ser una persona de valores.

Hasta ese momento Manuela no ha sido una persona que dedicara mucho tiempo a su vida social. Tenía amigos, sí, pero no los priorizaba. De vez en cuando alguna comida o cena en casa junto a Daniel o en algún restaurante los fines de semana. Solía quedar con ellos cuando era el cumpleaños de alguna de las personas del grupo o en alguna fecha señalada.

Ahora, sin embargo, valora mucho esta compañía de quienes siente como su segunda familia. En un mundo en el que la gente vive con mucha apatía y de manera descafeinada, tener personas en tu primera línea de contacto que te hacen sentir que la vida es maravillosa no tiene precio.

El tercer día en los Pirineos se animan a ir a esquiar. Manuela no lo ha hecho nunca, así que decide apuntarse a clases particulares para principiantes junto a dos compañeras más. El monitor de esquí, Andrés, les enseña la parte más básica y técnica para que puedan empezar a dar sus primeros pasos sobre unos esquís. No faltan las risas, las bromas y alguna que otra caída tonta que intensifican aún más la unión entre ellas.

Después de la primera hora, pueden empezar a deslizarse por las pistas azules, destinadas a quienes están en un nivel inicial. El monitor las para en un repunte para explicarles cómo van evolucionando y enseñarles algún pequeño truco para frenar mejor. Desde ese punto donde tienen una panorámica espectacular de la montaña, se detienen a observar el paisaje y hacer alguna foto. Andrés les habla sobre los diferentes nombres de los picos, las pistas que cruzan por allí mientras a lo lejos se divisan diferentes esquiadores como si fuesen hormiguitas.

—¿Veis aquel punto? Es el más alto. Es la pista de las llamadas negras más larga y peligrosa que existe en Europa. El año pasado hubo un pequeño alud en la cima y al llegar abajo la bola medía más de cinco metros de diámetro.

—¿Cómo? ¿Se fue agrandando por el camino?

—Claro. Ten en cuenta que la nieve se adhiere. Si deslizas una pelota pequeñita por una ladera, se volverá cada vez más y más grande.

—Eso es lo que se conoce en finanzas como «el efecto bola de nieve».

Manuela y Andrés se miran y se empiezan a reír, cómplices. Está claro que Ana no es capaz de sacarse su mundo de la cabeza ni siquiera allí, rodeada de todo aquello. Pura vocación, piensa Manuela.

—Ana, tú siempre pensando en la parte financiera.

—Sí, sí. Podéis reíros. Pero es una de las lecciones más importantes que podéis tener en materia de finanzas. El efecto bola de nieve es lo que hace que mucha gente sin grandes ingresos, gracias a la constancia y al interés compuesto, generen años más tarde una gran fortuna.

—Oye, pues cuéntame más. Mis rodillas no aguantarán toda una vida siendo profesor de esquí y me quiero jubilar joven. Desde muy pequeño empecé a administrar mis finanzas y a ahorrar de la mejor manera que he podido.

Esa tarde, cuando terminan de esquiar, los tres se reúnen en la cafetería de la estación de esquí y piden unas cervezas.

Invertir versus ahorrar

—Primera lección, y os vais a reír, pero esto es importantísimo y no todo el mundo lo sabe de verdad. ¿Qué es realmente ahorrar?

Andrés y Manuela guardan silencio, sabedores de que la respuesta corta y fácil no es la que Ana va a enseñarles.

—Entendemos como ahorrar el distribuir o guardar una parte de tus ingresos periódicos (bien sean mensuales, bimensuales, trimestrales, semestrales o anuales) para no gastarlos. Se puede ahorrar tanto en productos financieros como en una hucha en casa. El ahorro está relacionado con la creación de un nuevo patrimonio.

Ahorrar no solo es una medida de precaución contra eventos inesperados, sino también una herramienta para construir riqueza y alcanzar metas financieras a largo plazo. Es un hábito financiero esencial que proporciona estabilidad, seguridad y la posibilidad de materializar sueños y aspiraciones a medida que avanzas en tu viaje financiero.

Por otro lado, ¿qué es **invertir**? La inversión es el acto de destinar dinero con el objetivo de generar un beneficio futuro en activos financieros que, idealmente, aumentará su valor con el tiempo, generando así ganancias o rendimientos. Algunos aspectos clave que debemos de tener en cuenta a la hora de invertir son:

1. **Multiplicar recursos:** el propósito principal de la inversión es hacer que los recursos disponibles trabajen para ti y generen un rendimiento adicional. En lugar de simplemente almacenar dinero, como sucede cuando ahorramos en una cuenta corriente o en una hucha en casa, se busca multiplicarlo a través de diversas estrategias y vehículos de inversión.

2. **Tipos de activos:** los inversores pueden elegir entre una amplia gama de activos, como acciones, bonos, bienes raíces, fondos de inversión, fondos indexados, criptomonedas y otros instrumentos financieros. Cada tipo de activo tiene su propio nivel de riesgo y, por tanto, posibilidad de alcanzar diferentes rentabilidades.

3. **Horizonte de inversión:** el horizonte de inversión se refiere al periodo durante el cual un inversor planea mantener sus activos antes de necesitar el dinero. Puede ser a corto, a medio o a largo plazo. El horizonte de inversión influye en la elección de activos y estrategias.

4. **Riesgo y rentabilidad:** existe una **relación directa entre el riesgo y la rentabilidad** en la inversión. En ge-

neral, inversiones más arriesgadas tienen el potencial de generar mayores rendimientos, pero también conllevan un mayor riesgo de pérdida. Tu tolerancia al riesgo debe ser un factor fundamental a la hora de elegir el tipo de activo o vehículo financiero más idóneo para ti.

 Está muy bien obtener rentabilidad, pero también es importante dormir tranquila/o todas las noches.

5. **Diversificación:** la diversificación es una estrategia clave en la inversión para reducir el riesgo. Consiste en **distribuir tu dinero entre diferentes clases de activos** para mitigar la volatilidad. La diversificación puede ayudar a proteger una cartera de posibles pérdidas significativas. Si, por ejemplo, parte de tu dinero está invertido en un fondo que invierte en empresas tecnológicas en Estados Unidos y otra parte del dinero está en otro fondo que invierte en materias primas en África, estamos realizando una diversificación geográfica y por sectores. Si hubiera una crisis puntual en Estados Unidos no tiene por qué verse afectada tu otra inversión y viceversa.

6. **Inversión a largo plazo:** muchos inversores adoptan una perspectiva a largo plazo, reconociendo que los mercados financieros pueden experimentar fluctua-

ciones a corto plazo. La inversión a largo plazo permite aprovechar el poder del interés compuesto y superar los altibajos del mercado.

7. **Objetivos financieros:** la inversión se alinea comúnmente con objetivos financieros específicos, como la jubilación, la compra de una casa, la educación de los hijos o la creación de un fondo de emergencia. **La elección de activos y estrategias dependerá en gran medida de estos objetivos.**

En resumen, la inversión es una práctica clave para hacer crecer la riqueza y alcanzar metas financieras a largo plazo. La comprensión de los distintos tipos de activos, la tolerancia al riesgo y la planificación cuidadosa son elementos esenciales para una estrategia de inversión exitosa.

Combinar inversión y ahorro nos asegura lograr una planificación financiera completa, pues, como hemos visto, el ahorro consiste en crear un nuevo patrimonio y la inversión en rentabilizar ese patrimonio ya existente. Por supuesto, para la segunda, necesitamos la primera. Una buena cantidad ahorrada es esencial a la hora de plantearnos invertir. Es importante que esta cantidad se destine a un producto financiero que encaje muy bien con el tiempo (liquidez) y el nivel de riesgo deseado.

Interés simple versus interés compuesto

—Ya casi nos hemos terminado las cervezas. ¿Pedimos otra? A esta invito yo —interrumpe Andrés.

—Gracias, Andrés. Eso sí, la mía sin alcohol, que todavía me queda mucho que explicaros.

Andrés se acerca a la barra y vuelve a los cinco minutos con tres pintas.

—Muy bien, seguimos. Si has ahorrado o invertido, sabrás que, a cambio de depositar tu dinero en el vehículo financiero que contrates, obtienes unos intereses. Estos intereses siempre dependerán del producto financiero que elijas. Normalmente, a mayor riesgo o mayor plazo temporal invertido, mayor rentabilidad.

»Esa rentabilidad de la que hablamos trabaja de dos posibles formas en función del producto financiero que escojas. Algunas de ellas, como los depósitos, plazos fijos, fondos de inversión, etc., trabajan con el interés simple. ¿Qué quiere decir esto? Que cuando rescates tu dinero, tendrás lo que metiste más la rentabilidad que haya generado en ese periodo.

—¿Y no funcionan así todos?

—No. Cuando ahorramos a medio o largo plazo y lo hacemos de manera periódica, se trabaja mayoritariamente con el interés compuesto. Esto quiere decir que en vez de abonarte la rentabilidad del primer año, por ejemplo, se abona en su inversión, por lo que el segundo año, tengo lo que ahorré el primero, la rentabilidad generada y lo que he abonado este segundo.

»Y así progresivamente, irá aumentando de manera exponencial. ¿Te imaginas lo que pasará cuando lleves diez años? Tendrás la rentabilidad de todo el capital que metiste más las rentabilidades que han ido generando cada uno de esos años. Y llegará un momento no muy lejano que la rentabilidad generada año tras año será mayor que el capital que aportas. Ahí, verdaderamente, es cuando empiezas a generar riqueza.

—Guau —exclamó Andrés pasmado.

—¿Sabes cómo se le llama comúnmente a esto? «Efecto bola de nieve».

Andrés, alucinado, no se hubiera imaginado nunca que un concepto financiero tuviera un nombre relacionado con su profesión.

—¿Y eso por qué?

—¿Ves aquella cima de la montaña? Imagínate que estuviéramos allí arriba y cogiéramos una bola de nieve entre nuestras manos para tirarla ladera abajo. ¿Qué sucedería con ella? En cada vuelta, la nieve se adhiere y hace que la bola sea más grande. En la siguiente vuelta, al ser la superficie de la bola más grande, se adhiere más nieve aún… Cuando llega abajo, la pelota que inicialmente nos cabía en nuestra mano ha adquirido un tamaño que no podíamos imaginarnos… Igual pasa con tu dinero. Las personas solemos sobreestimar el corto plazo y subestimar lo que somos capaces de hacer en el largo plazo.

Todos los presentes arrancamos en un aplauso entre risas por la clase magistral que acababa de dar Ana.

—Gracias, chicos. ¿Sabéis la frase típica que me dicen la gran mayoría de mis clientes cuando les explico este concepto? «Ojalá me hubieran contado esto antes». Así que ya sabéis. El tiempo es uno de los factores más preciados en cuanto a nuestras finanzas y dinero.

El grupo siguió charlando desenfadadamente sobre temas varios. Las risas y el buen ambiente prosiguieron hasta la puesta de sol, momento en el que todos menos Manuela decidieron irse a sus respectivas habitaciones.

Ella prefirió quedarse allí. El sol comenzaba su lento descenso hacia el horizonte, pintando el cielo con tonos dorados y rosados que se reflejaban en la inmaculada capa de nieve. Manuela se encontraba en lo alto de una colina, contemplando el espectáculo celestial con una mezcla de asombro y gratitud. El viento susurraba suavemente a su alrededor, llevando consigo los ecos de los últimos meses de su vida, un viaje de autodescubrimiento y transformación.

Desde aquella tarde en la que se unió al Club de Mujeres Empoderadas, su vida había tomado un giro inesperado pero maravilloso. A través de las risas compartidas, las lágrimas derramadas y las conversaciones profundas, había encontrado un sentido de pertenencia y apoyo que nunca había experimentado. Había descubierto la fuerza que yacía en su interior, lista para ser desatada y enfrentar cualquier desafío que la vida le presentara.

Recordaba con cariño las lecciones aprendidas junto a Victoria, la sabia tejedora, cuyas historias de generosidad y compasión habían dejado una huella indeleble en su corazón. La idea de que el dinero era energía, un flujo constante de dar y recibir resonaba en su ser como una verdad universal.

Y luego estaba Ana, la brillante asesora financiera que había iluminado su camino hacia una mayor comprensión de las finanzas personales. A través de sus enseñanzas sobre presupuestos, ahorros y el poder de la planificación, Manuela había recuperado el control sobre su futuro financiero y se había liberado del peso de su hipoteca y las preocupaciones monetarias.

Pero más allá de todo eso, Manuela se sentía agradecida por las mujeres valientes que habían compartido su viaje. En cada una de ellas había encontrado un espejo de su propia fortaleza y una fuente inagotable de inspiración. Juntas, habían tejido una red de apoyo y amor que la sostenía en los momentos difíciles y celebraba sus triunfos con alegría desbordante.

Ahora, mientras el sol se hundía lentamente en el

horizonte, Manuela se encontraba en paz consigo misma y con el mundo que la rodeaba. Se sentía como una mujer nueva, renacida de las cenizas de su antigua vida y lista para abrazar el futuro con renovada confianza y determinación. En su corazón, había un profundo sentimiento de gratitud, una gratitud que trascendía las palabras y abrazaba cada fibra de su ser.

Y así, mientras el último destello de luz se desvanecía en la noche, Manuela cerró los ojos y dejó que la sensación de gratitud la envolviera como un manto cálido y reconfortante. Sabía que, pase lo que pase en el futuro, siempre llevaría consigo el recuerdo de este momento, este momento de completa plenitud y gratitud, que le recordaba que, incluso en los momentos más oscuros, la luz de la esperanza y la transformación nunca se apaga.

Y con ese pensamiento reconfortante, se despidió del día, lista para abrazar lo que el mañana le deparara con el corazón lleno de vida.

El interés simple es un método de cálculo de intereses sobre una cantidad principal que permanece constante a lo largo del tiempo. El interés se calcula únicamente sobre la cantidad original, sin tener en cuenta los intereses acumulados en periodos anteriores.

La fórmula básica para calcular el interés simple es:

$$\text{Interés simple} = P \cdot r \cdot t$$

— P es tu cantidad de ahorro

— r es el interés

— t es el tiempo que vas a mantener tu dinero ahorrado/invertido

El **interés simple** se da en productos de ahorro e inversión que funcionan normalmente con una cantidad, como suelen ser los depósitos o plazos fijos, los fondos de inversión...

El **interés compuesto**, en cambio, implica calcular los intereses sobre la cantidad principal inicial y sobre los intereses acumulados en cada periodo. Esto significa que a medida que los intereses se acumulan, la base sobre la cual se calcula el próximo periodo de interés aumenta. La fórmula general para calcular el interés compuesto es:

$$\text{Interés compuesto} = P \cdot (1 + r)^t - P$$

— P es tu cantidad de ahorro

— r es el interés

— t es el tiempo que vas a mantener ahorrado/invertido tu dinero

No te preocupes si no sabes mucho de matemáticas. Aunque sea tu caso, podrás ver que, en esta fórmula, la t del tiempo está como exponente: eso sencillamente significa que nuestro ahorro crecerá de manera exponencial. Esa es la parte que más nos interesa.

Decía Einstein que el interés compuesto es «la fuerza más poderosa de la naturaleza», ya que, poco a poco, los resultados se multiplican y crecen.

Te quiero poner un ejemplo: imagina que tienes una hucha mágica. Esta hucha no solo guarda tu dinero, sino que también tiene un poder especial: ¡puede multiplicar tu dinero mientras está dentro!

Pongamos que decides poner 100 monedas en tu hucha mágica. Al principio, esas 100 monedas son todo lo que tienes. Pero cada cierto tiempo, digamos cada año, la hucha mágica hace algo asombroso: ¡añade más monedas basadas en un porcentaje de las monedas que ya tienes adentro!

Digamos que el interés de tu hucha mágica es del 10 por ciento al año. Eso significa que después del primer año, tendrás 110 monedas en total: tus 100 originales más un extra del 10 por ciento. Pero verás que aquí está la magia: ¡en el segundo año, el interés compuesto entra en juego!

Ahora, en lugar de calcular el 10 por ciento sobre las 100 monedas originales, el interés se calcula sobre las 110 monedas que tienes. Entonces, al final del segundo año, tendrás 121 monedas en total: tus 110 originales más un extra del 10 por ciento de esas 110.

Y así continúa: cada año, el interés compuesto toma en cuenta todas las monedas que has acumulado, multiplicándolas y aumentando tu dinero de una manera que parece mágica.

En resumen, el interés compuesto es como un hechizo mágico que hace crecer tu dinero cada año, aprovechando las monedas que ya has acumulado para generar aún más riqueza. ¡Es una herramienta poderosa para hacer crecer tu dinero a lo largo del tiempo! Está presente en las herramientas de ahorros que funcionan con ahorros periódicos, donde los intereses en vez de abonarse se acumulan. Esto en jerga financiera se llama «capitalización de intereses».

La teoría del coste medio en el ahorro

Se conoce como **efecto del coste medio** a una estrategia utilizada en la inversión, especialmente en el contexto de la compra regular de acciones o participaciones de un fondo de inversión a lo largo del tiempo. También se conoce como la estrategia del dólar promedio o coste promedio.

El principio básico de esta estrategia es la inversión

periódica: es decir, **implica realizar inversiones regulares de una cantidad fija de dinero en un activo, independientemente de su precio** actual. Por ejemplo, podrías invertir 100 euros cada mes en un plan de ahorro o fondo de inversión. Al invertir periódicamente, **compras el activo en diferentes puntos de precio a lo largo del tiempo.** En algunos meses, el precio puede ser más alto, y en otros, puede ser más bajo, pero no hace falta que tú estés pendiente de esto, y te beneficiarás de todas las ocasiones en las que el precio sea más bajo sin mover un dedo. Al comprar más barato, podrás adquirir más participaciones de ese activo y en el momento de la subida tus ganancias aumentarán.

Las características de esta estrategia traen aparejadas una serie de ventajas obvias que la convierten en una manera de proceder muy interesante. Entre los principales beneficios del efecto del coste medio, se encuentran los siguientes:

1. **Se reduce el impacto de la volatilidad:** el objetivo del efecto del coste medio es reducir el impacto de la volatilidad del mercado en tus inversiones. Al comprar en diferentes momentos, no dependes completamente de las condiciones del mercado en un día específico.

2. **Obliga a mantener una disciplina de inversión:** al establecer inversiones regulares, ya sean mensuales,

trimestrales, etc., esta estrategia fomenta la disciplina de inversión a lo largo del tiempo y, en consecuencia, nos obliga a mantener la atención puesta en el ahorro, que debe ser periódico y constante. Beneficia en especial a aquellas personas que no estaban previamente familiarizadas con el ahorro.

3. **Reduce el riesgo de temporización del mercado,** puesto que evita la necesidad de intentar «cronometrar» el mercado, ya que compras en diferentes momentos sin depender de prever picos o valles.

4. **Permite el aprovechamiento de las caídas del mercado:** aprovecha las oportunidades durante las caídas del mercado al comprar más activos cuando los precios son más bajos.

5. **Facilita el control de las emociones:** ayuda a mitigar las emociones asociadas con las fluctuaciones del mercado, ya que te permite centrarte en la estrategia a largo plazo en lugar de reaccionar a eventos a corto plazo.

Es importante tener en cuenta que, aunque el efecto del coste medio puede ser beneficioso en muchos casos, no garantiza ganancias y no es adecuado para todos los inversores o ahorradores.

La adecuación de esta estrategia depende de tus objetivos financieros, tolerancia al riesgo y horizonte de inversión.

Recuerda siempre que, si bien mi intención es enseñarte todo lo posible con este libro, antes de aplicar cualquier estrategia de inversión, es aconsejable que busques asesoramiento financiero profesional.

TIPS FINANCIEROS

1. **Sistematización del ahorro.** Automatizar el proceso de ahorro es una estrategia eficaz. Configurar transferencias automáticas a una cuenta de ahorro o inversión garantiza que una parte de tus ingresos se destine sistemáticamente al ahorro antes de que puedas gastarlo.

2. **Establecer una meta mensual.** Es importante que te establezcas una meta mensual de ahorro y que no sea «lo que sobra». Tener esta cantidad como referencia te va a ayudar para saber si lo estás haciendo bien o no. Además de construir un plan de acción para tus metas futuras. Ejemplo: si te quieres comprar un coche dentro de un año y ahorras 200 euros al mes para este objetivo, sabes que dentro de un año tendrás 2.400 para la entrada. Marcarte un objetivo de ahorro te ayudará a ver cuánto tiempo necesitas para conseguir esos objetivos y a motivarte cada vez que veas que tu plan se está cumpliendo o a ir tomando decisiones mes a mes sobre tus finanzas si ves que no.

3. **Preahorra.** Ahorra nada más llegue el dinero a tu cuenta bancaria. El hecho de tenerlo separado y no contar con ese dinero va a hacer que tu mente se adapte al dinero que queda en la cuenta. Te recomiendo incluso que no mires constantemente el dinero que tienes en tu cuenta de ahorro disponible. Esto te ayudará a

evitar compras compulsivas y a no tener que recurrir a la fuerza de voluntad cada vez que surge la «necesidad» de algún capricho.

4. **Crear un fondo de emergencia:** un aspecto esencial del ahorro es la creación de un fondo de emergencia. Este fondo actúa como un colchón financiero para situaciones inesperadas, como gastos médicos, reparaciones del hogar o pérdida de empleo.

AGRADECIMIENTOS

Escribo estas líneas con un sentimiento de gratitud absoluta hacia la vida. Hace prácticamente un año era yo la persona que seguía a muchas personas a través de Instagram, asistía a conferencias y compraba cada semana un libro para leer. Hoy, sin embargo, soy yo la que tiene todo esto.

Uno de los motivos de la escritura de este libro es para que entiendas que los sueños se cumplen y que prácticamente todo en la vida es posible si crees en ti.

Quiero agradecerte a ti, que has comprado este libro, el apoyo y el tiempo que has invertido en leerlo. Deseo de corazón que tu vida sea un poquito mejor después de su lectura.

A todas las mujeres que me han dado la oportunidad de asesorarlas en los últimos meses y que me han inspirado poderosamente en la historia de Manuela. Este libro va también por vosotras, para que seáis más libres y felices.

A mi familia azul de OVB Allfinanz España. La empresa que me abrió los brazos cuando era tan solo una niña y creyó en mi potencial. En especial a las personas que comparten mi día a día. Ellos siempre me inspiran y me dan la energía para trabajar en mí y ser cada día un poquito mejor.

A mis amigos, mi familia elegida. Gracias a todos por aportar cada día luz a mi vida. A los que me habéis abrazado cuando mi mundo se derrumbaba. A los de siempre, a los que habéis vuelto y a los que acabáis de llegar.

Y, por último y en especial, a mi familia. Incluidos a mis hijos de cuatro patas por enseñarme cada día lo que es la lealtad y el amor incondicional. Papá, David y mi sobri Hugo, por ser el núcleo de mi existencia. Me siento increíblemente afortunada de teneros. Os quiero muchísimo.